한국형

장사의 神 _신

대한민국 '장사의 신'들이 꼽은 '맛집 조련사' 김유진,
그가 말하는 한국형 초대박 장사의 비법!

김유진 지음

한국형 장사의 신

2014년 3월 14일 초판 1쇄 | 2023년 2월 7일 20쇄 발행

지은이 김유진
펴낸이 박시형, 최세현

마케팅 양근모, 양봉호, 권금숙, 이주형 **온라인마케팅** 신하은, 정문희, 현나래
디지털콘텐츠 김명래, 최은정, 김혜정 **해외기획** 우정민, 배혜림
경영지원 홍성택, 김현우, 강신우 **제작** 이진영
펴낸곳 ㈜쌤앤파커스 **출판신고** 2006년 9월 25일 제406-2006-000210호
주소 서울시 마포구 월드컵북로 396 누리꿈스퀘어 비즈니스타워 18층
전화 02-6712-9800 **팩스** 02-6712-9810 **이메일** info@smpk.kr

ⓒ 김유진(저작권자와 맺은 특약에 따라 검인을 생략합니다)
ISBN 978-89-6570-193-4 (03320)

쌤앤파커스(Sam&Parkers)는 독자 여러분의 책에 관한 아이디어와 원고 투고를 설레는 마음으로 기다리고 있습니다. 책으로 엮기를 원하는 아이디어가 있으신 분은 이메일 book@smpk.kr로 간단한 개요와 취지, 연락처 등을 보내주세요. 머뭇거리지 말고 문을 두드리세요. 길이 열립니다.

디테일이 살지 않으면 고객은 감동하지 않는다.
그저 맛있다고 해서, 단지 싸다고 해서 손님들이 꼬이지는 않는다.
행인을 손님으로 만들기 위해서는 대담함과 용기가 필요하고,
손님을 단골로 만들기 위해서는 섬세함과 배려가 필요하다.
인간은 작은 것에서 행복을 느끼기 때문이다.
과연 나는 사람을 행복하게 만들 준비가 되어 있는가?
그 대답이 '예스'라면, 잘되는 장사를 할 기본 준비는 마친 셈이다.

장사 DNA,
타고나셨나요?

전 세계를 말춤으로 중독시킨 싸이나 LA 다저스의 류현진 선수를 보고 사람들은 말한다.

"타고났네."

맞는 말이다. 이들은 천부적인 재능을 타고났다. 그리고 피땀 어린 노력을 더해 재능을 성공으로 승화시켰다. 물론 후천적 노력을 통해 능력을 키워가는 사람들도 많다. 하지만 타고난 이들을 당해내기에는 역부족이다. 이게 세상이다.

장사도 마찬가지다. 장사도 '타고난' 사람이 있다. 나는 어떤가? 내 핏속에는 장사의 적혈구와 백혈구가 흐르고 있는가?

얼마 전 TVN의 〈김미경 쇼〉에 굉장히 낯익은 인물 하나가 게스트로 등장한 적이 있다. 이름은 박용후. 나와는 6~7년 전 같은 회사의 임원으로 근무하며 호형호제하던 사이였다. 반가웠다. 말발은 여전했고, 사회적 지위에 걸맞게 여유롭고 세련된 모습이었다.

꽤 긴 시간 특강을 했는데, 지금까지 기억에 남는 말은 카카오톡 의장인 김범수 씨에 관한 것이었다. 김 의장은 식당 종업원에게 반말을 하는 사람과는 사업하지 않는단다. 왜 그는 본인을 PR할 수 있는 소중한 시간에 김범수 의장의 이야기를 끌어들였을까. 아마도 김 의장을 거명하며 본인의 생각을 전하고 싶었을 게다.

"여기 왜 빨리 안 줘?"

"손님이 주문하면 사다가라도 줘야 할 거 아냐!"

얼마나 못나고, 잘난 척할 곳이 없으면 식당에서 이런 추한 꼴을 보일까. 이런 모습을 보고 있노라면 그 사람의 진짜 인간성을 발견할 수 있으니, 참 괜찮은 사업 파트너 선정법이다.

외식업에 종사하는 관계자들이 꼽는 '진상 손님' 리스트에 단골처럼 등장하는 이들이 바로 종업원을 하대하는 손님이다. 그러나 이런 부류의 손님들은 한 귀로 듣고 한 귀로 흘려버리면 그만이니 크게 피해를 주진 않는다. 반면 업장에 직접적인 피해를 끼치는 손님은 따로 있으니 '진상 손님 10적敵'이 바로 그들이다. 이 양반들의 꼬락서니를 판소리조로 한 곡조 뽑아보자면…

허! 글씨, 주인장이 손님을 맞이허여 기쁜 마음에 주막 곳곳을 이리저리 뛰어 댕기는디….

얼쑤! 삼겹살 굽던 젊은 색시 하나가 목젖을 드러내며 귀청이 떨어져라 고래고래 소리를 지르고 난리여.

"이보쇼, 아줌니! 내 마늘 한 종지 더 달라고 헌 게 은젠디 안즉도 감감 무소식이요~."

"네~! 네~!"

찬모 하나가 눈썹이 휘날리도록 주방으로 갔다가 손님상으로 내달음치는디, 축지법이 따로 없네 그려~. 찬모, 한시름 놓았으니 냉수로 목이라도 축여볼까 돌아서는디! 아따 뒤통수에다 대고 따발총을 쏘아대네 그랴.

"아줌니. 눈은 장식품으로 걸고 다니쇼? 마늘 달라고 했으면 기름장이 세트로 나와야 허고, 푸성귀들 떨어졌으면 알아서 좀 챙겨줘야 또 오지 않겠소!"

복장은 터지지만 찬모의 입장이 입장인지라 모진 소리 한마디 못 허고 돌아서는디… 아따 눈물이 팽 돌아부러. 민증에 잉크 자국도 안 마른 것들이 울화를 치밀게 허네!

(중략)

혓바닥이 꼬부라지고, 갈지자로 곤드레만드레 가게를 나서는디… 아가씨 면상을 보니 거참 가관이네 그랴~! 그 버얼겋게 달아오른 낯짝을 뒤로허고 상을 치우는디….

"오매오매 동네 사람들~ 여그 꼬라지를 좀 보소. 다 태워 먹은 마늘이 불판 위를 나뒹굴고, 종이접기 허듯 상추랑 깻잎을 다 찢어 놓아부렸소!"

웃자고 꾸민 이야기가 아니다. 업주들은 이런 손님들을 보면 속이 뒤틀리고 쥐어박고(?) 싶어진다. 막무가내 손님들은 의외로 많다. 얼음물 한 잔 달라고 해서 손님에게 가져다주었더니, 사람이 몇 명인데 달랑 한 잔이냐고 핀잔을 준다. 그럼 처음부터 다 달라고 하던가. 손님이 손님다워야 대접을 받는다는 사실을 모르는 이가 많다.

외식업 종사자들이 1위로 꼽는 진상 손님은 밥뚜껑이나 앞 접시에 담배를 끄는 인간들이다. 밥뚜껑은 밥 마르지 말라고 덮어놓는 것이고, 앞접시는 음식을 덜어먹으라고 주는 것이지 쓰레기를 버리라고 주는 것이 아닌데도 안하무인이다. 그러시면 안 된다고, 이 그릇이 손님 상에 다시 오르면 기분이 좋겠느냐고 물으면 "다시 안 오면 될 거 아니야!"라고 당당하게 되받아친다. 기준 면적 이상의 식당이 금연구역으로 지정되면서 손님과의 크고 작은 다툼이 매일 벌어진다.

"손님, 죄송한데 금연입니다."

존대어를 두 번이나 반복해서 읍소하지만 소용없다.

"내가 책임지면 될 거 아니야. 거 되게 딱딱하게 구네. 이래 가지고 또 오겠어?"

"제발 그래주세요. 다시는 오지 말아주세요."라고 하고 싶지만 차마 입이 떨어지지 않는다.

최근 등장한 또 한 부류의 불편한 이들은 바로 소셜커머스 고객들이다. 소셜커머스가 예전만 못하고 하지만, 업주들 역시 불경기에는 당할 재간이 없으니 원가 파괴마저 불사하며 소셜커머스 업체와 손을 잡고 할인 경쟁에 뛰어든다. 20~30%는 약과고, 대부분 50%에 심하면 70~80%까지 할인 판매를 하는 업장들이 늘고 있다.

온라인이나 모바일로 결제를 하고 방문하는 것까지는 좋다. 그런데 이상하리만치 의심이 많고, 피해의식이 큰 고객들이 많다. '정가보다 싸니까 음식도 그만큼만 주겠지!', '뭐야, 할인받아서 샀다고 손님 무시하는 거야?'…. 인터뷰를 했던 대부분의 업소들은 소셜커머스 고객이라면 고개를 절레절레 흔들었다.

"이미 여기저기 블로그에 음식 사진들이 올라가 있잖아요. 확인하기 쉬워요. 장사 그만하려고 그런 짓(양을 줄이거나 속이는)을 하겠어요?"

물론 소셜커머스 업체와의 암묵적 합의 하에 있지도 않은 메뉴를 만들어놓고 할인하는 양 판매하는 업소도 있고, 초심을 잃고 양을 줄이는 업소도 있다. 손님이 몰린다는 핑계로 서비스의 질이 떨어지는 곳도 있다. 그 때문에 누구의 잘잘못을 가르려는 것이 아니다. 또 누구를 변호하고 싶은 마음도 없다. 소셜커머스 업체는 회사의 수익을 올리려는 게 목적이고, 업장은 문 닫기 싫어서 이런 계약을 맺는 것이라는 사실만 손님들이 이해해주었으면 한다.

이 외에도 진상 손님은 많다. 변기가 있는데도 벽에다 토하는 손님, 막히는 거 뻔히 알면서 변기에 생리대 버리는 손님, 본인들이 이야기에 집중하다가 태웠는데도 설거지가 시원찮아서 고기가 탔다고 생떼 쓰는 손님 등등.

이런 손님들을 보면 무슨 생각이 드는지 장사의 신들에게 물어보면 대부분 이런 대답이 날아온다.

"그런 말이 있잖아요. 장사치 똥은 개도 안 먹는다고!"

더러워서? 아니다. 속이 새까맣게 타 들어간 내장에서 배출된 배설물이니 얼마나 쓰겠냐 이 말이다. 얼마나 힘들면 이런 소리가 나오겠는가! 그래도 장사를 해보겠는가? '모든 건 내 탓이오'라고 되뇌며 '진상 10적敵'을 보듬어 안고, 방긋방긋 웃으며 사랑할 자신이 있는가? 단호히 "예스!"라고 대답한다면, 당신의 핏속엔 '장사 DNA'가 흐르고 있는 것이다.

한 번쯤 장사에 인생을 걸어도 좋으리만큼, 충분히.

한국형

장사의 神

PART 2 손님이 찾아와야 할 이유를 만들어라
절대로 안 망하는 나만의 메뉴 설정법

장사의 神

PART 1

장사만큼
쉬운 건
없다

되는 놈들만 아는 1등 장사 전략

장사에
성공하고 싶으세요?
아내를
사랑하세요!

아내가 드라마에 미치기(?) 시작한 것은 이태 전이다. 우리 아들들 (나는 아들만 셋인 '목메달' 아빠다)이 이승기처럼 예쁘고 똑똑하게 자라줬으면 하는 바람이 시작이었던 것 같다. 그 후 눈빛이 예술이라는 송중기, 실물이 많이 떨어진다(?)는 엄기준, 연기가 엄청 늘었다고 본인이 더 감격스러워하던 장혁, 학교 후배라는 이유로 가중치를 더 주었던 주원까지! 연예인에 대한 호감은 그렇게 바뀌어갔다.

그런데 유독 한 사람만큼은 남편이 질투가 날 정도로 애정(?)을 보였다. 지누션의 션이다. 힙합 가수나 음악 프로듀서보다는 기부천사로 인정받고 있는 친구다. 아내의 반응은 거의 광적인 팬덤에 가깝다. 정말 근사하게 나이 들어간다고 존경에 가까운 감정을 드러낸다. 가

만있으면 바로 '밴댕이 소갈딱지 쪼다 남편'이 되고 만다. 눈치를 보다 슬쩍 거들어야 그나마 면이 좀 선다.

"당신 기억하지? 지누션 내 프로그램에서 데뷔했잖아. 그땐 뭐 그냥 그랬었는데… 결혼 잘했어. 번 거 다 퍼주는데도 마누라가 그걸 참네. 이야~ 정말 대단해."

낯간지럽다. 범부凡夫라면 도저히 엄두도 못 낼 선행을 벌써 몇 년째 베풀고 있는데… 알량한 자존심 때문에 아내 앞에서 못나게 굴었다. 그러던 어느 날.

"우리도 힘든 사람들 좀 도와야 하지 않을까?"

션 부부가 등장한 토크쇼 프로그램에서 눈을 떼지 못하는 아내를 보다 못한 나. 호기롭게 운을 뗐다. "나 올해부터 재능기부한다!" 할 줄 아는 게 글 쓰고, 방송 출연하고, 컨설팅하는 것밖에 없으니 숙제는 간단하다. 힘든 자영업자들을 돕자. 그래서 제작진과 상의 후 만든 것이 SBS 〈이숙영의 파워FM〉과 CBS 〈손숙·한대수의 행복의 나라로〉의 창업 컨설팅 코너다.

이숙영 선배 프로그램에서는 한 달에 한 번 애절한 사연을 보낸 자영업자들을 찾아 무료로 컨설팅을 해주었고, 손숙·한대수 선생의 프로그램에서는 '장사의 신'이라는 코너로 외식업 성공 노하우를 털

어놓고 있다. 션 부부의 선행에 비하면 부끄럽기 짝이 없지만 아내와
의 약속을 지킨 것으로 위안을 삼으련다.

그렇게 인연이 되어 찾아가게 된 곳 중 하나가 파주의 한 치킨집
이다. 제작진과 찾은 그 치킨집은 이해가 안 될 정도로 매출이 엉망
이었다. 번화가에서 700~800m 떨어져 있다는 것만 빼고는 모든 조
건이 훌륭했다. 월세 50만 원, 4인 테이블을 10개 정도 넣을 수 있는
홀 공간, 그리고 15명은 족히 들어갈 수 있는 별실, 거기에 정말 매력
적이었던 것은 다섯 대의 주차공간과 근사한 테라스였다. 대로변에
붙어 있어서 대형 현수막을 걸고, 테라스에서 연기를 피우며 치킨 굽
는 시늉만 해도 충분히 20~30%의 매출상승 효과는 볼 수 있는 탐나
는 입지였다.

한데 주인 내외의 주장은 달랐다. 남편이 배달을 간 사이, 홀에 손
님들이 들이닥치면 아내 혼자 감당을 할 수가 없단다. 아내는 "왜 이
리 서빙이 늦냐."는 핀잔이라도 들으면 온몸에 진땀이 나서 차라리 배
달만 하는 편이 낫다고 했다. 슬펐다. 이토록 훌륭한 매장을 방치하
고 배달 전화만을 기다린다는 사실이.

"사장님, 시원하게 맥주나 한잔하시죠."

　　방송국에 구구절절한 사연을 보낸다는 것이, 낯선 사람에게 속내를 털어놓는다는 것이 얼마나 어려운 일인지 잘 알기에 우선 낮술 한 잔을 권했다.

　　맥주 한잔을 하며 그들이 입을 열기를 기다렸다. 신랑은 부업으로 새벽 4시에 가스 배달을 나가 오후 5시경에 돌아오는데, 그때까지 아내는 아이들을 돌보며 매장에서 대기한다고 했다. 휑한 분위기만큼이나 맥주 맛도 심심하고 맹맹했다.

　　일장연설을 늘어놓고 싶은 생각도 없었고, 잘난 체하고 싶은 생각은 더더욱 없었다. 그저 제대로 된 진단을 해주고 싶었다. 난 그라운드에서 직접 플레이를 하는 선수가 아니다. 하지만 국내외에서 인정받는 까칠하고 성적 좋은 코치임에는 틀림없다. 도움을 주고 싶다는 내 말에 부부는 슬슬 속내를 털어놓기 시작했다. 정리를 해보면 이랬다.

　　1. 왜 고객들이 이 맛있는 치킨을 안 먹는지 이해 불가다.
　　2. 매장 입지가 정말 후지다(부부의 표현이다).
　　3. 유명 치킨 프랜차이즈가 아이돌 스타를 모델로 쓰고 있어 게임이 안 된다.
　　4. 뭐라 딱 꼬집을 수는 없지만 부부가 서로에게 불만이 많다.

　　4번은 일부러 유도해서 얻어낸 답변이다. 명함을 건네고 일곱 시간 가까이 지나도록 아내의 웃는 모습을 보지 못했기에 진단과 치료를 위한 덫을 친 것이다. 사랑했던 남편의 연이은 사업 실패는 아내를 지치게 했고, 따뜻한 위로의 말 한마디 제대로 듣지 못하면서 새벽부터 한밤중까지 운전을 해야 하는 남편은 아내의 환한 웃음을 그리워했던 것.

돈을 버는 모든 비법을 전수하겠노라며 손을 맞잡게 했다. 얼마 만이었을까? 주인 내외는 어색하게 손을 잡았다. 부부가 손잡는 것을 어색해하다니! 오호 통재라! 닭을 바꾸고, 매장을 왁자지껄한 동네 아지트로 만들고, 가게를 삽시간에 홍보할 수 있는 노하우까지 탈탈 털어놓고 마지막으로 부탁을 했다. 아내를 자주 안아주라고.

그리고 아내에게도 당부했다. 하루에 세 번, 진심으로 남편을 위해 잇몸이 드러날 정도로 웃어주라고. 그리고 주머니에 미리 챙겨두었던 '그 좋다는' 산수유(천호식품 김영식 회장에게 직접 받은!)를 꼭 쥐어주고는 얼큰하게 취해 택시에 몸을 실었다.

내가 지금까지 컨설팅을 하며 수많은 가게를 보고 내린 가장 중요한 결론은 이것이다.

장사는 혼자 하는 게 아니다. 장사는 평생 모은 돈과 퇴직금까지 걸고 뛰는 한 판 게임이다. 목숨을 걸고 매달리는 만큼 파트너가 중요하다. 든든

가게가 망하고
직원들이 다 떠나도
끝까지 남아 있는 사람은
결국 아내다.

한 내조나 외조가 없다면 반드시 실패한다.

왜 하필이면 식당이냐는 질문에 가장들의 한결 같은 답변이 있다. "아니, 원래 우리 집사람이 음식 솜씨가 좀 있잖아."

인생을 담보로 하는 마지막 한 판 승부에 아내를 대표 선수로 내세워 부담감을 몰아주겠다? 에이, 못난 사람들 같으니. 얼마나 능력이 없으면 아내의 손맛을 빌리는가! 이런 분들의 공통점은 만약 장사가 안 되기라도 하는 날에는 "우리 집사람이 이제 늙었나 봐. 솜씨가 예전 같지 않아."라며 실패의 탓도 아내에게 몰아준다는 것이다.

지금 이 순간 매장에서 부부가 함께 손님을 응대하는 상황이라면 아내에게 고맙다고, 나랑 같이 살아줘서 고맙다고 찐하게 포옹을 하라. 사랑할 자신이 없으면 존경이라도 해라. 가게가 망하고 직원들이 다 떠나도 끝까지 남아 내 옆에 있어줄 사람은 바로 아내일 테니.

20년간 전국의 식당을 취재하면서 느낀 것은 장사의 신들은 궁합이 기가 막히게 잘 맞는다는 것이다. 서로에게 인상을 쓰는 일은 상상도 할 수 없다. 장사치에게는 손님이 왕이라고 하지만 늘 어느 상황에서도 아내가 최우선이다. 아내의 어깨에 손을 올리고, 등을 감싸고, 미소 짓는 모습을 카메라에 담고 있노라면 나도 모르게 행복해진다. 그 피곤한 식당일을 마치고도 밤늦게 술 한잔 기울이며 알콩달콩 뽀뽀를 하는 모양이다.

아내를 사랑하고 존경할 자신이 없다면 일찌감치 장사를 때려치워라. 뿌린(?) 만큼 거두는 것이 우리네 인생이니 말이다.

명인은
아무나 하나

- 나주시 〈홍어1번지〉

난 정말 홍어가 징글징글했다. 보통의 아버지들은 군대 간 아들을 면회하러 갈 때 불고기나 프라이드치킨을 준비하던 시절이었다. 콕 집어 아버지를 꼽은 이유는 병역의 의무를 먼저 마친 인생 선배로서, 이제 막 군대 생활을 시작한 아들이 무엇을 가장 먹고 싶어 할지 알기 때문이다. 그래서 요리 준비야 어머니가 하더라도 메뉴 결정은 아버지들이 넌지시 하게 마련인데 우리 집은 달랐다.

'공산주의 7대 비밀' 암기 시험에서 만점을 받은 덕분에 여섯 시간이라는 황금 같은 외출 시간을 '득'했다. 난 짜장면이 먹고 싶었다. 하지만 아버지의 협박과 회유에 못 이겨 어느덧 내가 향하고 있는 곳은, 바로 홍어집이었다.

"임마, 봉동(전주와 정읍 중간)에서 근무하는 걸 행운인 줄 알아! 여기 홍어 잘하는 집들이 얼마나 많은데….."

이미 아버지는 군침을 다시고 계셨다. '그래, 부모님도 오랜만의 외출이니 일단 홍어 먹고 짜장면 먹으면 되지….' 그리 다짐을 하며 이리에서 유명하다는 홍어집에 들어섰다. 그런데…

이건 아니다. 유격훈련장에 있던 재래식 변소의 악취와 흡사한 냄새가 진동하고 있었다. 암모니아와 나프탈렌 향이 교묘히 섞여 두통을 유발하는 인자가 분명 홍어에는 들어 있으리라. 어질어질 정신은 혼미해지고, 속이 메스꺼워 토악질이 나오기 직전인데, 아버지는 소개팅 나온 노총각마냥 싱글벙글 웃음이 한가득이다. 아들의 심정을 분명 읽었을 텐데도 그 퀴퀴한 지린내가 스멀스멀 코를 자극하는 삭힌 홍어 한 점을 내 입에 밀어넣는다.

태어나서 그렇게 아버지가 미웠던 적은 없었던 것 같다. 맛을 느끼고 자시고 할 틈도 없이 입천장이 홀라당 벗겨져버렸다. 피부를 감싸고 있던 막이 한 꺼풀 벗겨지며 동그랗게 말렸다. 차라리 뚝 떨어지면 좋으련만 목구멍 쪽의 살갗은 아직 붙어 있어 거추장스러운 불편을 끼쳤다. 입천장에 들러붙은 마른 김 떼어내듯 용을 써보지만 혀에 쥐가 날 지경이다. 이거 먹으려고 두세 밤을 뒤척인 게 아닌데…!
홍어 삼합과 찜, 마지막으로 탕까지 비우고 나서야 아버지는 자리에서 일어나셨다.

분해서 견딜 수가 있나? 도저히 입도 못 대겠다는 아버지를 끌고 중국집으로 들어가 짜장면과 군만두를 시켰다. 양파와 춘장을 볶는 감미로운 향이 홍어 구린내를 공기 샤워하듯 씻어주었다. 면 대접 위에 볶은 짜장을 들이붓고 분이 풀릴 때까지 비비고 또 비볐다. 젓가락으로 면을 빙빙 말아 볼이 미어져라 입으로 쑤셔 넣었다. 서너 번 오물거리는데, 어라? 이상하다. 짜장면의 맛이 나질 않는다. 설마? 심지어 간장에 찍은 군만두는 홀라당 벗겨진 입천장의 상처를 건드려 송곳으로 찌르는 것 같은 통증까지 줬다.

십수 년이 지나고 나서야 그 이유를 알게 됐다. 홍어의 암모니아 성분이 소금과 초고추장, 막걸리를 제외한 그 어떤 음식의 맛도 느낄 수 없게 만든다는 사실을. 그날의 분함은 두고두고 나의 안주거리가 되었고, 방송과 칼럼에서 그나마 아버지를 향한 작은 복수(?)를 감행하곤 했다.

그래도 분이 풀리지 않는 데는 이유가 있다. 내가 나이가 들수록 아버지를 닮아가고 있기 때문이다. 열일곱 먹은 큰 아들은 내 성격을 잘 아니까 한두 점은 못내 받아먹지만, 둘째와 막내는 두 손으로 코와 입을 틀어막거나 손사래를 치며 자리를 박차고 도망가 일쑤다.

얼마 전에 창피해서 혼이 난 일이 있다. 나주에 계신 대한민국 홍어 명인 안국현 선생을 만난 자리에서였다. KBS 〈1박2일〉부터 mbn 〈대박의 비밀〉까지, 대한민국의 거의 모든 지상파와 케이블, 신문, 잡지를 도배했던 그 유명한 '홍어1번지'를 가족과 함께 방문했다.

장모님과 아내를 위한 내 나름의 힐링 여행이었다. 그래서 삼합과 홍어애국을 좋아하는 모녀의 입맛을 가늠해 먼 길을 떠났던 것인데, 둘째와 막내가 식사 내내 원망과 타박을 늘어놓았다. 얼굴이 달아올라 견딜 수가 없었다. 사장님과 호형호제하는 사이만 아니었더라면 둘을 화장실로 불러내 사고(?)를 쳤을지도 모르겠다.

여기까지가 이래저래 홍어와 내가 얽혀 있는 사연들이다. 요즘 홍어를 먹는 인구가 점점 줄어들고 있다고 한다. 사실이다. 홍어 마니아들의 연령이 자꾸만 올라가고, 젊고 어린 새로운 팬이 확보되지 않아서 나타난 결과다. '고연령화'야 어찌 할 수 없는 노릇이니 접어두고, 선수층이 얇아지고 있다는 점에서는 덧붙일 말이 많다.

모름지기 음식은 제대로 배워야 식습관이 오래간다. 그 대표적인 메뉴가 홍어다. 싸구려 수입산을 식용 암모니아로 삭히면 큼큼한 내음은 낼 수 있지만, 식감과 질감이 다를 수밖에 없고 단맛이 나질 않는다. 대부분의 홍어 초심자들이 이 메뉴를 두 번 다시 먹고 싶지 않아 하는 이유가 다 여기에 있다. 그래서 운동도 마찬가지고 요리도 훌륭한 감독의 작품으로 시작을 해야 기준치가 생기는 것이다.

　이런 점에서 '홍어1번지'는 대한민국 홍어의 대명사이고 성지다. 홍어1번지의 사장님이자, 홍어 명인 안국현 선생님의 웃음은 맑고, 밝다. 그와 이야기를 나누고 있으면 커다란 두 눈에 빨려 들어가고 있음을 느끼게 된다. 그래서인지 한없이 고통스럽던 시절의 이야기를 듣고 있어도 소설 속 주인공의 무용담처럼 재미지다. 홍어는 톡 쏘지만 그의 홍어 이야기는 달디 달다.

　안 명인은 어린 나이에 생선 장사를 시작했는데, 쫄딱 말아먹었다고 한다. 생선은 주인을 보고 사는 거지, 생선의 상태를 보고 사는 것이 아니라는 사실을 몰랐기 때문이란다. 남도를 돌며 긁어모은 그 좋은 생선을 바다에 내버리며 단품으로 다시 승부를 걸자 결심을 했고, 그렇게 홍어와의 인연이 시작되었다.

　그는 근면과 성실을 기본으로, 아이디어를 짜내기 시작했다. 남도의 잔칫집에는 반드시 홍어가 오른다는 점을 염두에 두고 알음알음 잔칫집을 돌기 시작했는데, 물건이 좋고 가격이 착하다 보니 손님이 손님을 소개하는 시스템이 만들어진 것이다. 이때부터 안국현의 홍어는 전국을 강타하게 된다. 밀려드는 손님들과 주문을 감당해내기 위해 따로 공장시설을 갖추어야 할 정도로 규모가 커졌다. 지금도 나주 영산포 홍어 골목에 가보면 안국현 명인의 집 앞에만 줄이 늘어선다.

　그런 명인은 마음 씀씀이도 넉넉하다. 홍어 장사를 배우겠다고 오는 사람을 막는 법이 없다. 그렇게 수제자들이 늘어만 갔고 사람 됨 됨이를 봐가며 10원 한 푼 받지 않고 '홍어1번지'라는 타이틀을 내주 곤 했다. 지금도 포털사이트에 검색을 해보면 명인이 운영하는 나주 본점만큼이나 많은 '홍어1번지'가 뜬다. 타이틀을 주고 안 주고의 기 준이 뭐냐고 물으니, "하도 오래하다 보니까 이제는 척 보면 알아. 노 하우만 빼가려는 놈인지, 정말 자식새끼들 먹여 살려보겠다는 진심을 가진 사람인지…. 나보다도 우리 직원들이 먼저 알아봐. 그러면서 나 한테 슬쩍 말을 건네지. 사장님, 석 달짜리인데요."라고.

그렇게 사업은 날로 번창하며 돈과 명예를 얻었지만, 사람 마음을 다 얻을 수 없다는 대목에서는 숙연해졌다.

"김 코치, 자존심을 팔아본 적 있어? 자존심을 돈으로 바꿔본 적 이 있느냐, 이 말이야. 눈시울이 뜨거워지면서 피눈물이 흐를 것 같 은데 웃으려면 속이 얼마나 새까맣게 타는지 모를 것이여. 얼토당토 않은 핑계 대면서 내 홍어를 비하하면 한 대 쥐어박고 싶지만, 어쩌 겠나? 이것이 장사인 것을…."

'장사의 신' 경지를 넘어서 국내 유일 명인 타이틀을 거머쥐고 계 신 어른의 이야기인지라 믿겨지지 않았다. 그래서 더욱 존경스러웠다. **모름지기 장사란 이렇게 하는 것이다. 잘되는 집, 대박 나는 장사꾼에**

잘되는 집,
대박 나는 장사꾼에게는
분명한 이유가 있는 법이다.

게는 분명한 이유가 있는 법이다. 아무나 시작할 수 있는 것이 장사지만, 아무나 성공할 수 없는 것은 바로 이런 이유다. 성공 그 이상의 것을 거둔 '명인'에게는 '장사의 신'이라는 칭호가 부끄럽지 않다.

명인은 오늘도 쉬지 않는다. 전국의 대학원과 외식 사관학교를 돌며 배우고 또 배운다. 수료장이 필요한 것이 아니라 어떻게 하면 자신의 홍어를 거부감 없이 더 많은 사람에게 먹일 수 있을까를 연구하기 위함이란다. 그래서일까, 안국현 선생의 홍어는 씹으면 씹을수록 단물이 흘러나온다.

안국현 명인에게는 꿈이 있다. 프랑스의 와인처럼, 일본의 사케처럼, 그리고 한우처럼 '홍어 등급제'를 만드는 것. 홍어 1++, 1+, 1등급, 2등급, 3등급…. 이래야 소비자들이 믿고 살 수 있다고 믿기에 최근 HACCP(위해요소중점관리기준) 기준에 맞춘 대규모 홍어 가공 공장도 건설했다. 재미있을 것 같다. 백화점이나 대형 슈퍼마켓에 가서 "흑산 홍어 투플러스로 주세요!" 할 날이 멀지 않았다.

덧붙이는 이야기. 도대체 안국현 선생의 '홍어1번지' 홍어가 얼마나 맛있으면 이렇게 이야기를 하느냐고? 직접 맛보일 수 없으니, 글로라도 풀어보겠다.

아삭하게 얼려 썰어낸 홍어애(홍어의 간이다)를 기름장에 찍어 혀 위에 올리면 정확히 3초 후에 녹아내리기 시작하는데, 혀를 지그시 입

천장으로 올리면 세계 3대 진미 중 하나로 꼽히는 푸와그라가 부럽지
않다. 곁들여 내오는 홍어 껍질을 오물거리며 한마디 내뱉는다.

"누가 그럽디까? 민어 껍질이 갑이라고? 아직 제대로 된 홍어 껍
질을 못 드셔 보셔서 하는 소립니다."

이어지는 상차림도 반갑다. 결혼식 피로연에서 봄직한 다이어트
한 홍어가 아니라 갈비살, 지느러미살 등에서 자르고 남은 두툼한 속
살로 새콤달콤 매콤하게 무쳐내는 홍어무침. "아주머니, 여기 막걸리
한 주전자 주쑈~!" 하는 소리가 절로 난다. 포슬포슬 무너지는 살결
이 솜사탕 같다.

드디어… 드디어 삼합 차례다. 미적 감각이 떨어지다 보니 홍어의
색깔을 정확히 묘사하기가 쉽지 않다. 암갈색? 흑적색? 암튼 명인이
직접 삭힌 국내산 흑산 홍어와 삶은 돼지고기, 양이 적어 더 간절한
코와 홍어 거시기가 한 접시에 담겨 있다. 홍어 삼합의 미각을 극대
화하기 위해 명인이 개발한 것은 바로 김. 앞 접시에 김을 깔고 초장
에 무친 홍어를 올리고 묵은지와 돼지고기를 차례로 쌓아(점장이 가르쳐
주는 방식과는 조금 다른 나만의 레시피다) 젓가락으로 만다. 입에 넣고 씹으
면 김이 폭 찢어지며 홍어가 쏟아져 내리고 뒤를 이어 시큼한 묵은지
와 기름진 돼지고기가 입안 곳곳으로 퍼져 나간다. 아~ 그냥 여기 점
원으로 취직시켜달라고 할까?

여기까지는 흉내 낼 수 있을지 모르겠다. 명인의 홍어 코스가 빛이 나는 건 선수 배치에 있다. 4번 타자는 홍어튀김. 괜히 4번이겠어? 빵빵하게 부풀어 오른 튀김을 반으로 깨물고 내용물을 확인하는데… 헉! 한 방 맞았다. 메가톤급 홍어 폭탄이요, 발효의 절정이다. 코를 지나 머리끝까지 쏜다. '강약중강약 슬로우 슬로우 퀵퀵~.' 무도회장에서 제비의 손에 몸을 내던진 꼴이다. 안국현 명인이 깔아놓은 롤러코스터 안에서 이리 흔들 저리 흔들 긴장이 풀린다. 튀김의 아이디어와 코스의 배치는 그가 왜 명인이라는 타이틀을 보유할 수밖에 없는지 여실히 보여준다.

5번 타자의 매력은 한 방이 있건 없건 자기 색깔이 정확해야 한다. 그래야만 팀의 타순이 엉키지 않는다. 홍어1번지의 5번 타자는 전. 4번처럼 강렬하지는 않지만 끝까지 자존감을 표출한다. 택배로라도 받고 싶은 맛이다. 다음은 넉넉한 찜. 홍어 특유의 질감을 느끼는 데 이만한 녀석이 또 있을까? 데친 콩나물에 돌돌 말아 입안에 넣으면 매끄러움과 아삭함을 동시에 감상할 수 있다. 슬슬 자리 깔고 눕고 싶어지는 순간 끝내기 선수가 타석에 오른다. 별미 중의 별미. 홍어 요리의 백미. 홍어애국! 이 매력에 중독되면 마지막 남은 초가삼간도 팔아치운다는 무서운 뚝배기다. 밥을 말아 반은 죽의 형태가 된 홍어애국을 목으로 넘겨본다. 아~ 세 아들 녀석 중 한 놈은 꼭 홍어집으로 장가보내고 말리라!

　그나저나 나주행 첫차가 몇 시더라? 갑자기 명인의 홍어코스가 당
긴다. 이를 어쩐다?

한 방에,
성공하시겠다굽쇼?
꿈 깨시지요!

– 여의도 〈영원식당〉, 순화동 〈장호왕곱창〉

자영업에 종사하는 모두가 꾸는 꿈이 있다.

아침에 출근을 하니 양쪽으로 도열한 60여 명의 직원들이 환한 미소로 인사를 건넨다.

"안녕하십니까, 회장님! 좋은 아침입니다!"

사무실에 앉자마자 구매부장이 결재판을 들고 들어온다. 오늘 사용할 채소의 양이 모두 600kg이라… 쾅, 쾅, 쾅 도장 찍어주고, 미주 지역 지사장들과 간단히 화상 회의하고, 비서가 정리한 다음 스케줄을 읽는다. 중소기업회장단 오찬, 제7공장 준공식 참석, 가맹점 1,000개 돌파 기념식, 결혼 30주년 여행 예약… 그때 하버드 로스쿨에 다니는 아들 녀석이 전화를 걸어와 핀란드로 리스크 관리 매니지먼트 실습을 나간단다. 애인 데리고 들어온다니, 가을까지는 기다려야겠구먼!

"여기요, 아줌마! 손님 왔는데 뭔 생각을 그렇게 해요?"
"아이고, 네~ 갑니다!"

멍하니 있는 주인을 보고 한심한 듯 손님이 타박을 한다. 그런 손님을 향해 주인이 마음속으로 외치는 말. '두고 봐라. 내가 지금은 작은 밥장사를 하지만 5년 내로 빌딩 하나 올릴 테니까.'

이런 희망이 없다면 버티기 힘든 게 음식 장사다. 여간 힘이 드는 게 아니다. 불경기가 심해지면 매출은 직격탄을 맞는다. 메뉴판에 적힌 판매가에 빨간 매직을 죽죽 그어 가격을 낮춰보고, 주방 식구들 다 내보내고 신랑이랑 둘이 주방과 홀을 뛰어보기도 하지만 역부족이다.

그렇게 고통을 씹어가며 하루 이틀 버티는 사이 장사에 대한 동물적 감각이 생긴다. 횟집을 하다 암소 갈비 전문점으로 전향을 하기도 하고, 중국집을 하다가 이자카야로 돌아서기도 한다. 다 살기 위한 몸부림이다.

프로듀서가 되고 나서 한 5~6년 쯤 지났을까? 스튜디오 카메라 감독님이 한잔하잔다. 1차는 전기구이 통닭집에서 생맥주로 시작을 했는데, '말아 드시기 좋아하는' 선배의 입맛에 따라 그 건물 2층에 있는

장사의 신은
변화의 필요성을 직관적으로 느낀다.
나에게 맞는 아이템을
언제든 찾아갈 수 있어야 한다.

카페로 자리를 옮겼다.

　여의도에는 유난히 카페가 많다. 커피를 파는 카페가 아니라 양주를 파는, ○○찻집 등의 이름을 건 카페. 소파의 높은 등받이와 잎이 무성한 화분으로 옆 테이블과 공간을 분리한 이곳은 술을 따라주거나 안주로 나온 과일을 깎아내며 손님의 농에 맞장구를 치는, 누나인지 이모인지 구분이 어려운 종업원들이 있는 곳이다. 그날 내가 간 카페의 이름은 '영원'이었다.

　아무튼 그날 저녁은 '칙칙폭폭주'가 대세였다. 양주잔을 일렬로 줄 세워 놓고 양주, 맥주, 콜라, 물, 양주, 사이다를 각각 담아 왼손과 오른손을 번갈아 가며 순서대로 끊이지 않고 마셔야 하는 신종 폭탄주였다. 몇 병이나 마셨을까. 어떻게 집에 도착했는지 전혀 기억이 나질 않았다.

　다음날 출근을 하고 나서 지끈거리는 머리를 어떻게 좀 해볼 요량으로 약국에 다녀오는 길에 그 선배를 또 만났다. 선배는 아무 말도 없이 내 팔목을 잡아채더니 어제 그 상가 안으로 데리고 들어섰다. 점심시간이 다 되었으니 해장국이라도 사주려나 생각을 하는데, 어제 2차를 갔던 카페로 다시 들어가는 게 아닌가! 토악질이 나는 것을 겨우 참고 자리에 앉았다. 선배는 어제는 미처 몰랐던 이 카페의 또 다른 매력을 설명하기 시작했다.

"야, 김 감독! 일찍 오길 잘했다. 12시 땡 치면 밖에 줄 서서 기다려야 돼. 이 집 수제비 끝내줘. 쫌만 지둘려봐."

카페에서 수제비라니. 냉수를 청해 들이켜고 있는데 김치 대접이 깔린다. 국물이 시원해 보이는 백김치, 숙취만 아니라면 손으로 들고 깨물고 싶은 총각김치, 배추의 숨이 채 죽지도 않은 겉절이, 그리고 콤콤한 냄새가 코끝을 자극하는 배추김치까지. 양해를 구하지도 않고 백김치 국물을 들이켰다. '아이고 아까워라~ 괜히 그 비싼 숙취해소 음료 사먹었네!' 시원하다는 표현으로는 모자랐다. 살얼음이 동동 떠 있는 김치 국물은 그야말로 '씨원했다~!'

"이건 약과야. 수제비 국물 떠먹어보면 기절할 걸!"

하얀 사발에 담겨 있어서 그랬을까? 약간은 거무스름해 보이는 육수의 색깔이 도드라졌다. 숟가락으로 떠먹기에는 국물이 지나치게 맛있었다. 대접을 들고 마시면서 생각했다. '사골국물이네. 감자 덕분에 걸쭉하고. 후추가 많이 들어갔군. 넘치면 모자람만 못한 법. 근데… 국물 좋다. 마른 김이 개운함도 만들어주고.' 국물이 바닥을 보이자 선배가 등받이 너머에 대고 소리를 친다.

"여기 국물 한 대접 더 주세요. 백김치도 한 사발 더 주시고."

무한리필이라고 했다. 수제비가 어금니에 들러붙으며 쩍쩍 소리를 낸다. 그 뒤에도 수제비 국물과 백김치를 얼마나 더 청해 먹었는지 모르겠다. 카페를 나서는데 족히 20여 명 가까이 되는 사람들이 애를 태우며 순서를 기다리고 있었다. 그럼 그렇지! 이렇게 맛있는 수제비를 완벽에 가까운 김치 4종 세트와 함께 내주는데 안 오는 사람이 바보지. 낮 시간엔 술장사를 할 수 없고, 임대료는 내야 하고, 주인은 결심했겠지. '점심 메뉴를 만들자! 카페만으로는 승부가 나지 않아.'

이 집은 결국 수제비 덕분에 자리가 모자라 옆 매장까지 임대하게 되었고, 몇 년 뒤에는 아예 본업이었던 카페 문을 닫고 큼직한 수제비 전문점을 오픈했다. 김치가 옛날 같지 않다고도 하고, 사이드 메뉴로 내는 오징어볶음이며 삼계탕, 불낙전골, 닭볶음탕이 산만해 보인다는 지적도 들린다. 그러나 '영원'은 지금도 변신 중일 것이다. 카페와 수제비에 이어 더 훌륭한 메뉴를 선보일 기회를 노리고 있을 것이다. 라면 스프처럼 혀에 착착 감기던 영원만의 수제비 국물을 개발했듯 말이다.

장사의 신은 변화의 필요성을 안다. 아이템부터 자기 자신까지, 언제든 필요한 순간이라는 판단이 들면 실행에 옮기기를 주저하지 않는다. 대부분의 장사의 신들이 한 아이템으로 시작부터 성공을 일궈냈다고 생각하는데, 그건 몇몇 특화된 아이템일 경우다.

이처럼 아이템을 바꾸어가며 끊임없이 변신하고 노력하는 장사의 신들은 얼마든지 있다.

밤을 새워 글을 쓰다 보면 줄담배를 태우게 된다. 그러다가 혀가 깔깔해지면 찾게 되는 곳이 세종문화회관 뒤에 있는 광화문집이다. 진저리가 날 정도로 신맛이 특징인데, 장담컨대 대한민국 김치찌개 중 산미는 으뜸이리라.

부대찌개가 아니라 소시지와 햄이 들어간 김치찌개가 당길 때면 어김없이 덕수궁 근처의 조아저씨 김치찌개로 향한다. 햄과 소시지와 돼지고기가 빚어내는 국물 맛도 좋지만, 흑미밥에 마른 김을 싸서 간장에 찍어 먹는 방식이 아주 마음에 든다. 밥공기에 찌개 국물을 끼얹고 가장자리부터 살살 긁어 먹어도 좋고, 국물로 비빈 밥을 김으로 싸 먹어도 맛이 끝내준다.

한데 1년 365일 중 100일은 생각나는 집이 있으니 순화동의 장호왕곱창이 그곳이다. 한때 발라드의 황제 성시경 씨의 단골집으로 알려져 검색어에도 오르내리던 이곳은 근처 샐러리맨들의 아지트다. 주메뉴는 두말 할 것도 없이 양곱창. 퇴근 시간이 지나면 빈자리를 찾아보기 어려울 정도로 인산인해를 이룬다.

앞서도 말했듯 대부분 장사의 신들이 단일 메뉴에 올인하며 집중한다고 생각하지만, 그건 몇몇 제한된 아이템의 이야기다. 탕 종류야 상관없지만 불판 위에서 뭔가를 구워야 하는 집들은 사정이 다르다.

점심 메뉴는 메인 메뉴와 별도로 저렴하고 푸짐하게 먹을 수 있는 메뉴를 개발해야 한다. 이때도 콘셉트가 필요하다. 메인 메뉴와 동떨어진 음식을 내는 집도 있지만 아무래도 통일성이 있는 식당이 많이 유리하다.

이런 차원에서 본다면 장호왕곱창의 점심 메뉴는 외식업의 교과서로 불릴 만큼 그 아이디어가 돋보인다. 바닥 가득 깔려 있는 돼지고기의 정체를 미처 발견하지 못한 이들은 첫인상이 썩 좋지 않을 수도 있다. 고기가 들어 있는 음식을 제공하는 대개의 식당이 비주얼을 중시해 고기를 고명으로 올리는 경우가 많다. 이를 뒤집은 곳이 장호왕곱창이다. 여긴 고기가 바닥에 그득하게 숨어 있다.

이곳은 손님이 수고스럽게 찌개 냄비를 뒤적이지 않아도 국물이 진득하게 우러나는 방법을 알고 있다. 찌개 냄비 속의 국물은 열을 받으면 대류현상을 일으켜 위로 이동한다. 자연스레 돼지고기에서 우러난 육수가 냄비 전체로 퍼진다. 뚜껑을 덮고 있어 신김치의 향취가 달아나는 법도 없다. 유일한 단점이라면 끓는데 시간이 조금 걸려 배고픔을 참고 기다려야 한다는 것.

여기서 주인장의 기지가 돋보인다. 곱창 마니아들은 찌개를 주문할 때 '짤라'를 같이 달라고 한다. 시간 관계상 그리고 냄새 때문에 점심시간에는 상상도 할 수 없는 양곱창을 삶아서 한 공기 내주는 게 바로 '짤라'다. 보들보들한 벌집양과 기름기가 빠진 내장 수육을 소금에 찍어 먹으면, 그 맛이 담백하고 고소하다. 소금이 좀 그렇다면 앞 접시에 다른 내장 부위를 한 점 덜어놓고 쌈장에 찍은 마늘을 한 편 올려 먹으면 그만이다.

이 녀석들이 낮술을 부르는 마법을 부린다. 서넛이 소주 한 병과 내장 수육을 비울 즈음, 찌개 뚜껑이 들썩거린다. 국물이 끓어오르자마자 라면 사리를 바로 투하하는 이들이 많은데, 그렇게 하면 국물이 탁해진다. 바닥에 깔려 있는 돼지고기들과 김치를 다 건져먹고 난 뒤 라면을 투입시켜야 칼칼하고 얼큰한 국물을 즐길 수 있다. 게다가 진득한 국물에 라면을 끓일 수 있어 전혀 다른 차원의 맛을 보게 된다. 동석한 사람들과 친한 관계라면 먹다 남은 공기밥을 다 같이 때려 넣고 김치찌개죽을 만들어 대미를 장식할 수도 있다. 주인장이 이 책을 읽는다면 유명 곱창집을 김치찌개 집으로 소개했다고 섭섭해 할지 모르겠으나 어쩌겠는가! 맛있는 걸.

장사의 신들은 입을 모아 이야기한다.

"어떻게 한 방에 성공하겠어요? 월세도 밀려보고, 못 준 월급 때문에 직원들 눈치도 보고, 그러면서 찾아내는 거예요. 나한테 가장 잘 맞는 아이템을 찾아가는 과정이 얼마나 고통스러운지 아세요? 그걸 찾아가는 과정이 장사예요. 생활환경과 철학 그리고 입맛이 전혀 다른 사람들을 음식으로 설득하려면 실패하고 실패하고 또 실패해봐야 해요. 끊임없이 자기부정과 반성을 하다 보니 메뉴가 보이고 사람이 보이더라고요. 아들 녀석 학원비를 못 내 샤워를 하면서 울었어요. 이게 피눈물인가 싶더군요. 눈 밑을 타고 내리던 뜨거움을 잊을 수가 없어요. 그러니 어렵게 찾아낸 노하우는 며느리한테도 모른다고 하죠! 드러내기 싫은 건 레시피가 아니라 시행착오를 거쳤던 지난한 세월입니다."

아직까지도 한 방에 성공하겠다는 생각을 갖고 있다면, 빨리 그 꿈에서 벗어나라. 그리고 한 걸음 한 걸음, 성공을 향해 다가갈 준비를 하라.

'째복'은
분명
존재한다

    은어이긴 하지만 장사를 하는 사람들이 달고 사는 단어가 있다. '째복'. 사주팔자에서 말하는 금전운이다. '째복이 있구먼', '째복을 타고 났다', '지지리 째복이 없어서…'. 이렇듯 누구나 입에 달고 사는 단어인데도 '째복'인지 '쎄복'인지조차 정확하지 않다.

    사주팔자를 터무니없는 것이라 치부하고 무시하는 사람도 있지만, 사주팔자에 의존하는 이들이 많은 것도 현실이다. 안 좋다는 건 하지 않고, 좋다는 건 기대고 싶은 것이 사람 심리이니 여기서 시시비비를 가릴 필요는 없을 것이다.

    다만 '째복'은 분명 존재하는 것 같다. 처음부터 찾아오는 사람도 있고, 수십 년 장사의 근육을 키우고 나서야 더디게 다가오는 경우도 있지만 분명 금전운은 타고나는 것 같다.

어린 시절의 나는 명예운을 타고 났다는 말이 그렇게 듣기 좋았다. 이름값하며 살겠다는 이야기에 이르러서는 구부정한 어깨가 펴지고 당장 세상을 다 얻을 것만 같은 기대감에 들뜨기도 했다. 그런데 나이가 들면서 생각이 조금씩 바뀐다. 그놈의 명예운은 좀 없어도 좋으니 '쨰복'이 와줬으면 좋겠다. 돈이 최고라기보다는 있어서 나쁘지 않다는 속물근성이 자꾸만 고개를 든다. 그러다 보니 취재 중 만난 사람들 중에 '쨰복'을 타고난 이를 만나면 은근히 질투가 나는 것도 사실이다. 내 도움을 받아 운이 바뀐 사람이 나 몰라라 하는 대목에서는 부아가 치밀어 오르기도 하지만 어쩌겠는가? '난 나중에 분명 천당 갈 거야'로 위안 삼는 수밖에.

지금은 발을 끊은 지 꽤 돼서 아직도 맛이 그대로인지 잘 모르겠지만, 방송국을 그만두고 가장 먼저 컨설팅했던 식당이 한 곳 생각난다. 당시 나는 '라디오계의 유재석'이라 불릴 정도로 많은 프로그램에 출연하고 있었고, 이를 주시하고 있던 드라마팀의 말단 후배 하나가 여러 번 부탁을 했다. 자기 어머님이 하는 식당에 딱 한 번만 다녀가면 안 되겠느냐고.

겨우 시간을 내 찾아간 화곡동 뒷골목의 식당은 정말 가관이었다. 허름한 외관이야 그렇다 치더라도 메뉴가 줄잡아 30여 개는 넘었던 것 같다. 왜 이리 메뉴가 많으냐고 물으니 어쩌다 오는 손님이라도 놓치고 싶지 않아 하나둘 끼워 넣다 보니 이리 되었단다. 후배 녀석의 부모님은 지칠 대로 지쳐 있었다. 하루 매출이 겨우 10~20만 원선이라 임대료 내기도 빠듯하다고 했다.

이를 어쩐다? 일단 음식 맛을 보기로 했다. 제일 자신 있는 메뉴를 보여 달라 부탁드렸더니 차돌박이 쟁반쌈을 내온다. 아이디어는 재미있었다. 뜨거운 철판에 차돌박이를 구워서 살얼음 쟁반국수에 싸먹는 방식. 사골을 끓여 얼려놓은 육수는 스무디나 셔벗처럼 사각거리는데 이걸 쟁반국수 위에 뿌려 내왔다. 모양새도 그리 나쁘지 않았다. 겨자 소스를 듬뿍 섞어서 비벼 먹으니 코끝이 찡하고 혀도 얼얼해졌다.

'오호라. 새로운 맛인데…?'

그런데 문제는 고기였다. 손님이 없다 보니 육절기를 사용하지 않았고, 아이스크림 냉장고 같은 보관함이 없어서 고기가 접시 바닥에 배를 깔고 누워 있었다. 쉽게 말해 차돌박이 전문점에서 볼 수 있는 피라미드 모양의 플레이팅이 아니었던 것이다.

아니, 거기까지는 기대도 하지 않았다. 요리는 눈으로 먼저 먹는 법인데 모양새가 빵점에 가까웠다. 불판에 촘촘한 구멍이 뚫려 있어서 구운 고기는 바싹 말랐고, 그나마 쟁반국수의 수분이 아니었다면

공식만으로 풀 수 없는 것이 장사다.
몇 년 해야 성공한다는 기준도 없다.

나무껍질 씹는 식감과 다르지 않았을 것이다.

음식 이야기를 뒤로 하고 화제를 돌렸는데, 건강이 많이 안 좋으신 아버님은 내가 어려서 미친 듯 읽었던 출판사의 상무이사를 지내셨다고 하고, 어머님은 나와 같은 가톨릭 신자셨다. 인연일 수도 있겠다는 생각이 들었다. 그리고 누군가를 도울 수 있다는 행복이 어떤 것인지 한 번 맛보고 싶었다.

"만약 제 이야기 들으시고 돈 많이 버시면 제게 받은 도움만큼 어려운 사람 도와주셔야 돼요."

손가락까지 걸며 약속을 했고 난 그렇게 공짜 컨설팅에 착수했다. 일단 수십 종의 메뉴를 다 내리고 딱 네 가지 메뉴로만 가자고 했다. 차돌박이 쟁반쌈, 대패삼겹살 쟁반쌈, 살얼음 쟁반국수, 된장밥!

질 좋은 고기를 받을 수 있는 공급처가 있다고 하니 고기를 보관하는 법을 시작으로 세트 구성, 가격 책정, 추가 고기 세팅, 차돌박이의 대체재인 대패삼겹살 활용법, 대패삼겹쌈 구성법까지 차근차근 알려주었다. 그리고 마지막으로 불판을 바꾸고, 식사를 무료 된장찌개에 공기밥이 아닌 고기를 굽던 무쇠 철판에서 직접 끓여 먹는 '된장밥'이라는 신메뉴까지 개발해줬다. 두 분은 간절했던 만큼 잘 따라와주셨다. 여기까지만 가고 발을 빼면 진정한 컨설팅이 아니다. 매스컴을 활용하는 법과 현수막 마케팅까지 모든 노하우를 털어놓았다.

　그 후, 나의 컨설팅 덕분이 아니었다면 그건 분명히 '쌔복'이라고 밖에 설명할 수 없는 기적이 일어났다. 손님들이 밀려들기 시작했고, 자리가 모자라 바로 옆의 커다란 고깃집으로 이전을 하며 졸지에 화곡동에서 제일가는 명소가 되었다. 매스컴에서는 앞을 다투어 취재를 해갔다. 덕분에 연예인들도 많이 드나드는 유명한 맛집이 되었다.

　심지어 후배의 어머니는 SBS에서 김미화 씨가 진행을 하던 토크쇼 프로그램에까지 출연하며 '장사의 달인'으로 소개되기에 이르렀다. 얼마나 기뻤는지 모른다.

　'그래, 인생에 이런 짜릿한 순간도 있구나!'

　그런데 정말 이상한 것 하나. 방송이 다 끝나가도록 나의 컨설팅 이야기가 없는 게 아닌가. 컨설팅을 받았다고 하면 평가가 떨어진다고 생각하나? 혹시 긴장을 한 탓일까? 아니, 그게 아니다. 숨기고 싶었겠지. 잘되면 본인 덕이고, 잘못되면 남 탓하는 게 인간인데… 이해한다.

　하지만 섭섭한 마음은 숨길 수가 없었다. 사실 그 토크쇼 프로그램 작가는 나와 오랜 세월 방송을 한 친분이 있는 인물인지라 나중에 사석에서 한 번 물었는데, 컨설팅 이야기는 아예 없었단다.

　그래서 단언하는 것이다. 백그라운드도 스펙이고, 인연도 복이다. '쌔복'은 이렇게 만들어지나 보다.

또 있다. SBS〈맛대맛〉요리왕 출신인 마경덕 셰프(내가 인정하는 대한민국 최고의 육고기 전문가) 덕분에 알게 된 고깃집인데, 딱 '실내 포장마차스러운'이라는 표현이 어울리는 곳이었다. 육우 등심과 옛날식 불고기로 고기 마니아들한테는 유명한 식당이라 했다.

직접 가보니 실내 공간이 좁기도 했지만 손님이 많지 않았다. KFC 메인 모델보다 수염이 덥수룩한 주인 할아버지와 고양이 한 마리가 가게를 지키고 있었는데, 주문을 하면 그제야 고기를 재단하고 양념을 하는 덕분에 기다림은 필수. 국내산 육우 300g이 15,000원. 사대문 안에서는 꿈도 못 꿀 금액이다.

대신 조건이 있다. 무조건 머릿수대로 주문을 해야 한다. 조리며 서빙을 할아버지 한 분이 하고 계시니 벽에 붙어 있지는 않지만 웬만한 건 다 셀프서비스다. 고기의 중량을 속이지 않은 덕분에 테이블에 오른 고기의 양이 어마어마하다. 대접이 넘치도록 고기와 채소, 양념을 담아낸다. 대한민국 최고라고 꼽을 정도는 아니지만 맛에서도 내공이 묻어난다. '이렇게 착한 가격과 푸짐함으로 무장을 했는데 왜 손님이 많지 않은 걸까?' 먹는 내내 의문이 떠나질 않았다.

그리고 한 1년쯤 지났을까? 믿을 수 없는 일이 벌어졌다.

마포에 있는 서강초등학교 앞에는 서울에 몇 개 남지 않은 육교가 있다. 시간이 되면 사진도 찍고 하릴 없이 건너보기도 했던 곳인데…

엥? 이 외진 곳에 사람들이 줄을 지어 서 있는 게 아닌가!

간판으로 눈을 옮기는데, 세상에! 그 집이다. 푸짐한 고기로 허리 띠를 풀 정도로 배를 채우던 바로 그 불고기집. 어떻게 1년 만에 이런 일이 벌어질 수 있지? 차를 대고 내렸다. 손님들은 대기표를 들고 기다리고 있었다. 가게 안을 둘러보는데 그 할아버지가 더 정정해진 모습으로 양념을 재우고 있었다. 드디어 올 것이 온 것이다.

자리를 옮긴다고 다 성공하는 것은 아니다. 아니 오히려 자리를 이전한 후 쫄딱 망하는 집이 더 많다. '서비스가 예전만 못해', '가게 넓히더니 임대료 생각나나? 양이 줄었어.' 이런 평가는 차고 넘친다. 나중에 조사를 좀 해보니 열혈 팬이었던 파워블로거들이 열심히 글을 실어날랐고, 그 사이 맛집 소개 프로그램에도 출연을 한 모양이다.

그렇다고 다 성공하는 건 아닐 텐데… 이유가 뭘까? 왜 양평동과 같은 맛, 같은 양인데 이리 사람이 들끓을까? 어떻게 1년 사이에 서울을 대표하는 불고기집이 된 것일까? 고차원 미적분도 이렇게 어렵지는 않을 것이다.

공식만으로 문제를 풀 수 없는 것이 바로 장사다. 그래서 한 번 빠지면 헤어나올 수 없다. 장사는 몇 년을 해야 성공한다는 기준이 없다. 5년은 채워야 반 쯤 성공할 수 있고, 20년이 넘어야 빛을 볼 수 있다는 말도 없다.

주인 할아버지는 채 2년이 지나지 않아 또 한 번 자리를 옮겼다.

손님은 옮길 때마다 기하급수적으로 늘어만 갔다. 30~40년을 같은 주방에서 버티며 같은 조리법으로 버텨왔는데… 한 방에 빵하고 터지는 것을 보고 있으니 배시시 웃음이 나온다.

　　'그래, 쌔복은 분명 존재해.'

왜,
우리 가게만
손님이 없을까?

며칠 전 전화 한 통을 받았다. 홈쇼핑에서 2,500억 원 이상의 매출을 올렸고, 국내 굴지의 외식 프랜차이즈와 할인마트, 쇼핑몰 등 탄탄한 납품처를 갖고 있는 수산물 임가공업체 참바다의 전무였다.

"친구, 잘 지내는가? 불경기는 불경기인가 봐. 우리가 납품하던 A 그룹 알지! 전년대비 매출이 30%나 줄었대. 이놈의 불경기는 언제 끝날라나?"

운전 중이라 두어 번 신호가 끊겼지만 내용은 정확히 기억한다. 무섭다. 정말 언제 불경기가 끝날까? 재작년 말부터 자영업자들에게는 요상한 버릇이 생기기 시작했다. 너나 할 것 없이 주위를 기웃거

린다. 이 집은 손님이 좀 있나? 어슬렁거리다가 손님들로 가득 들어
찬 식당 앞에서는 발걸음을 멈추고 부러운 시선으로 창문 안을 응시
하며 중얼거린다.

"이 집은 음식에 마약을 타나, 오늘도 꽉 찼네….."

돌아서며 원망스러운 눈으로 자기 집 간판을 바라본다.

'왜 우리 가게만 손님이 없을까?'

특별한 말 재주를 가지고 있는 것도 아닌데 내 강의가 끝나면 2시
간 동안 제자 역할을 충실히 해주었던 분들이 주차장까지 따라나선
다. 명함을 건네며 식사를 하잔다. 다른 곳도 아니고 본인의 식당에
서. 이유를 물으면 대부분 이렇게 이야기한다.

"강의 시간에 말씀하신 그 대목이 확 와 닿아서요. 손님들이 무엇
때문에 내 식당을 찾아와야 하느냐는 부분이요. 그래서 말씀인데, 딱
30분만 저희 식당에 다녀가시면 안 될까요?"

상대적이겠지만 대부분의 자영업자들은 같은 생각을 하는 모양
이다.

식당에 들르면 나는 습관적으로 제일 먼저 주방에 들어가 냉장고
를 확인한다. 고기는 예외로 하더라도 채소의 상태를 보면 점쟁이처
럼 경영 상태를 알아맞힐 수 있다.

"하루 매상이 70~80만 원 정도 되시죠?" "네."
"왜 손님들이 사장님 댁이 아니라 옆집으로 들어갈까요?
백이면 백, 답을 못한다.
"그걸 알고 싶어요."

이유는 정말 간단하다. 옆집보다 맛이 없고, 덜 친절하고, 만족도가 떨어져서다. 그리고 정말 중요한 한 가지! 손님들의 기호와 성향을 파악하지 못해서다. 고객이 식당을 찾는 이유는 밥이나 술을 먹기 위함이지만 그것이 전부는 아니다. '나를 위해서'도 있지만 '남을 위해서'도 중요한 결정 요인이 된다. 간단히 훑어보자.

10대가 학교 앞 분식집을 찾는 이유는 빠른 시간에 먹고 '야자'에 돌입하거나 학원에 가기 위해서이며, 햄버거집이나 피자집을 찾는 이유는 동성·이성 간의 커뮤니케이션을 위해서다.

20대가 생맥주집이나 삼겹살집을 가는 이유는 싸고 배불리 먹을 수 있는 곳을 찾아서이고, 레스토랑에 가는 이유는 데이트 때문이다.

30대가 고깃집을 가는 이유는 부서 회식이나 동창회가 다반사다. 방이 있는 식당을 찾는 경우는 어린 자녀를 동반했을 경우가 많다.

40대가 일식집을 찾을 때는 접대일 가능성이 높고, 중국집을 가는 경우는 자녀의 중고교 입학식, 졸업식의 뒷풀이를 위해서다.

50대가 죽 집을 찾는 건 지인의 병문안을 위해서이고, 등산로의 두 붓집을 찾는 건 불확실한 미래를 같이 걸어줄 지인을 만들기 위함이다.

60대가 방이 있는 해물 찜 식당을 찾는 건 손자들 재롱을 보고 싶어서이고, 저렴한 대포집을 찾는 건 연금으로 살아나가야 하는 주머니 사정 때문이다.

상징적으로 연령대와 식당들을 열거해본 것이니 관찰력 좋은 경험자의 치기 어린 분류 정도로 보아줬으면 좋겠다. 나의 식당은 이 중에서 어느 부류에 속할까? 교집합도 합집합도 존재할 것이다. 식당이 성공하려면 선택에 엄격해야 한다. 자신이 좋아하는 음식을 골라야 하고, 재료까지 잘 아는 업종으로 결정해야 한다. 지인의 성공 스토리를 듣고, 혹은 20~30대 어린 작가들이 인터뷰에 의존해 만든 방송 프로그램을 보고 인생을 걸어서는 큰일 난다. 우리 집만 손님이 없는 이유가 혹시 첫 단추 때문은 아니었는지 고민해볼 필요가 있다.

자, 그럼 대안을 좀 제시해볼까?

정말 돈이 얼마 없다면 10대들을 위한 분식집을 하는 것도 나쁘지 않다. 대신 10대를 겨냥할 거라면 용돈에 의존할 수밖에 없는 그들의 현실을 파악하고 미리 준비하는 것이 바람직하다. 부동산의 가치는 하락하고, 교육비는 늘고 있고, 월급은 늘 부족한 가정에서 자녀들에

우리 집만 장사가 안 된다고?
그럼 뻔하다.
옆집보다 맛도 없고,
덜 친절하고,
게다가 분위기도 없어서다.

게 용돈을 펑펑 줄 리 없다. 최대한 저렴한 메뉴를 만들어야 하고 인건비나 기타 비용 등을 최대한 줄여 원가율을 낮출 수 있는 다양한 시스템을 연구해놓아야 한다.

외국 여행도 좀 다녀봤고 양식에 대한 거부감도 전혀 없다면 20대를 위한 저가형 파스타집을 추천하고 싶다. 이때의 성공 포인트는 맛과 양에 있다. 아직 대학에 다니는 학생이거나 사회 초년병인 직장인들을 잡기에 파스타만큼 적합한 아이템도 드물다. 생크림 대신 우유와 계란을 활용해 고소하면서도 달달한 파스타를 만드는 노하우를 습득한다면 유리한 고지를 선점할 수 있다.

고기 마니아라면 30대를 위한 육우 전문점을 선택하는 것도 좋다. 한우에 비해 저렴하면서도 원산지 표기를 국내산이라고 할 수 있으니 승률이 꽤 높아진다. 다른 육종에 비해 가격 또한 안정적이다. 조리 방식은 숯불에 구워도, 철판에 구워도, 연탄불에 구워도 상관없다. 대신 1인분에 150~180g 내주는 치사한 마케팅 전략을 펼치면 6개월 이내에 문을 닫아야 할지도 모른다. 육우는 한우에 비해 맛이 떨어지기 때문에 푸짐함으로 승부를 걸어야 한다.

주변에 손맛이 기가 막힌 찬모가 있다면 40대를 위한 중저가 한정식집을 강추한다. 40대는 식탐이 강해지는 연령대다. 한 가지를 많이 먹기보다 조금씩이더라도 다양한 음식을 먹고 싶어 한다.

방송에서 늘 하는 소리지만 40대는 식탐뿐만 아니라 약탐도 강해진다. 슬슬 건강을 돌보기 시작하는 나이므로 건강과 다양함을 콘셉트로 한 업종에 승부수를 걸었으면 한다. 판매 가격 또한 고려해야 한다. 모든 재료를 친환경이나 유기농으로 대체할 수는 없지만 상징적인 의미에서 몇 가지는 친환경 재료를 쓰는 것이 주목 받기에 좋다. '저희 집에서는 친환경 쌈 채소만 사용합니다.'라고 메뉴판에 적어놓으면 곁들이는 제육이며 쌈장 등이 어부지리로 평가절상된다. '친환경 쌈 채소를 쓴다는데 고기랑 장을 후진 거 쓰겠어?' 소비심리는 의외로 단순하다. 내 건강까지 신경 써주는 반찬 많은 식당. 나라도 당장 뛰어가고 싶다.

50대를 상대로 하는 식당이 가장 어렵다. 식당을 운영하기에는 이런저런 의미에서 50대가 참 적당한데 이 분들을 대상으로 장사를 하는 것은 여간 어려운 일이 아니다. 일단 생활수준이 극명하게 나뉜다. 안정된 지위의 50대는 하루에도 서너 번씩 카드를 긁을 수 있지만 그렇지 않다면 이야기가 좀 복잡해진다.

아무튼 평균적인 50대를 위한 편하면서도 수익률 좋은 업종은 전과 두부다. 소화 기능이 점점 떨어지고, 여성들의 경우 폐경기에 접어들거나 끝났을 확률이 높다. 골다공증도 시작되었을 것이다. 그러니 10가지 정도의 전과 빈대떡, 그리고 두부 요리(순두부, 두부김치, 두부전골, 두부부침)를 준비하면 좋겠다.

60대 이상의 고객들을 주 타깃으로 하여 업종을 선택하는 것은 무리수임을 다들 아시리라. 현재 막대한 자금을 보유하고 있으며 성공한 원로들을 위한 사교장을 만들고 싶다면 이 책을 보는 것보다는 훌륭한 컨설턴트와 계약을 하는 것이 낫다. 대신 부모님 같은 분들에게, 그리고 친구 같은 이들에게 정을 나누어 드리고 싶다면 1,000원 국수, 2,000원 국밥, 3,000원 고깃집을 열어 이 분들을 위한 아지트를 만들어드릴 것을 제안한다.

추천한 업종들을 곱씹어보고 교집합을 만들어라. 타깃을 명확하게 하고 그들을 위한 분위기와 요리, 서비스를 제공해라. 그리고 지금 운영하고 있는 식당이(미래에 오픈할 식당까지 포함해서) 고객들의 발목을 잡아끌 수 있도록 끊임없이 매력을 발산하라. 왜 옆집이 아니고 우리 집을 찾아와야만 하는지 하루에도 열두 번씩 되뇌어라. 그리고 아이디어가 떠오르면 당장 실행해라. 단 머릿속에서 이 두 문장만큼은 절대로 지우지 않았으면 좋겠다.

YOU MUST THINK TWICE BEFORE BEHAVIOR!
HIGH RISK HIGH RETURN.

30일 안에
수익 10% 올리는
노하우

수익은 상대적인 것이다. 매출만 는다고 수익이 상승하지는 않는다. 또 매출이 줄어든다고 반드시 수익이 주는 것도 아니다. 수익은 항상 복잡한 상관관계를 동반한다. 매출은 평균 월과 동일해도 비용 지출이 늘면 수익은 고꾸라지고, 반대로 나가는 돈이 굳으면 그만큼 수익은 커지기 마련이다. 그렇다면 수익을 올리기 위해 가장 우선순위로 두어야 할 것은 무엇일까?

장사의 신들은 입을 모아 비용을 줄이는 거라 대답한다. 그 다음에 매출을 올리기 위한 전략과 전술을 세워야지 비용과 지출은 무시한 채 무턱대고 매출에만 목을 매면 어디선가 반드시 누수 현상이 발생한다고 딱 꼬집어 지적한다. 그래, 절약해서 나쁠 게 무엇이 있겠는가? 그럼 어디서부터 어떻게 줄여야할까? 종이컵을 사용하는 것만으로도 비용이 상당히 절감된다. 시간과 인건비가 동시에 줄어들기 때문에 비용 절감 차원에서 이만큼 매력적인 아이디어가 없다. 다만 현행법상 엄연한 위법이다. 단속 기관으로부터 '일회용품 사용을 권고했다'고 혼이 날 소리지만 잡혀갈 때 잡혀가더라도 이 땅의 자영업자들을 대신해 한마디만 하겠다. "왜 힘없고 '빽' 없는 사람들만 못살게 구는데!"

정부가 영업점에서 일회용품 사용을 규제하는 잣대는 아마도 환경을 해친다는 것이 가장 큰 이유일 게다. 맞다. 일회용품을 사용하면 할수록 쓰레기는 늘 것이며 지나친 벌목으로 자연이 썩어 문드러질 것이다. 하지만 지금과 같은 불경기가 1~2년만 지속된다면 자연이 썩기 전에 자영업자들이 먼저 쓰러질 것이다. 아파도 정확히 어디가 아프다고 비명조차 지를 수 없는 전국의 영세 소규모 자영업자들이 600만 명이다. 그런데 왜? 이 사람들만 규제의 대상이 되어야 하는가? 간단히 비교해보자. 600만 업소에서 쏟아내는 종이컵과 나무젓가락이 자연을 더 해칠까 아니면 백화점, 대형 할인마트, 슈퍼마켓, 편의점, 온라인 쇼핑몰에서 5,000만 명을 상대로 판매하고 있는 수만 종류의 대기업 상품들의 포장용기가 더 자연을 망가뜨리고 엉망진창으로 만들까? 이런 차원이라면 전국의 자동판매기 커피 컵도 자유로울 수 없고, 팝콘과 음료수를 일회 용기에 넣어서 파는 극장주들도 다

잡아들여야 하지 않겠는가?

만약 종이컵을 쓴다면 얼마나 비용이 절감될까? 하루에 200명이 방문하는 식당이라면 스테인리스나 유리컵 200개를 닦는 시간만큼 인건비를 줄일 수 있다. 수거해서 세제로 닦고 헹구고 마른 행주로 물기를 제거하는 시간까지 빨리 잡아서 평균 15초 정도라고 하면 3,000초 즉, 50분! 5,000원 정도에 해당되는 분량이다. '에게~' 하시겠지만 한 달이면 15만 원 그리고 1년이면 컵 값을 제외하고 대략 180만 원 정도 절약된다. 꼭 쓰라는 소리가 아니니 굳이 공무원 관계자들에게 신고할 필요까지는 없다. 절약은 이렇게 사소한 부분에서부터 시작하는 거라는 걸 보여드리고 싶을 뿐이다. 이 외에도 줄일 수 있는 부분은 무궁무진하다.

일반 전구나 삼파장 그리고 형광등과 비교해 상대적으로 많은 초도 투자비용이 발생하지만 LED 전구를 활용하면 확실히 전기료를 절약할 수 있다. 이미 형광등을 사용하고 있다면 등의 갓을 반사판으로 바꾸기만 해도 절약이 가능하다. 또한 냉장고와 냉동고 등 꼭 필요한 전기 기구를 제외하고는 전원을 껐다고 안심하지 말고 코드를 몽땅 뽑아야 줄어드는 전기요금을 확인할 수 있다. 화장실 변기에 벽돌이나 물이 든 페트병을 넣어두는 것은 기본이고, 심지어 음료수 냉장고

의 조명등도 꺼두어야 한 푼이라도 아낄 수 있다. 주방과 화장실의 수
도꼭지를 절약형으로 교체하면 절수 효과도 볼 수 있다.

　주인 혼자 푸닥거리해봐야 직원들에게 완전 짠돌이라는 소리를 들
을 수도 있으니 비용을 같이 줄일 수 있는 방법을 하나 제안하자. 주
방 직원들을 다 불러 모아서 협상하는 거다. 최근 6개월간의 평균 수
도요금을 공개하고 오늘부터 줄이는 물 값의 절반을 인센티브로 내놓
는 것도 하나의 방법이다. 나중에 고지서만 보더라도 설거지로 인한
물 낭비가 얼마나 심한 지 알 수 있을 것이다. 공감만 하면 얼마든지
줄일 수 있는 것이 물 값이다. 그리고 고정 비용의 상당 부분을 차지
하는 것이 '해충 퇴치'인데 (방역업체에게는 미안한 소리지만) 요사이 바퀴벌
레들은 기어 다니지 않고 하늘을 날아다니기 때문에 전문업체도 관리
가 힘들다고 스스럼없이 털어놓는다. 한 달에 한 번 1시간도 채 걸리
지 않는 서비스를 받고 (평수에 따라 다르지만) 10만 원을 상회하는 비용
을 물어야 한다. 이만 저만 본전 생각나는 게 아니다. 달리 방도가 없
어서 울며 겨자 먹기로 비용을 지불하고 있을 뿐이다. 그러나 인터넷
을 뒤지다 보면 굳이 해충퇴치 업체를 쓰지 않더라도 시도해봄직한
아이디어들과 제품들은 쌔고 쌨다. 이런 방법부터 한번 시도해보는
것은 어떠신지?

　줄일 만큼 줄였으니 이제는 늘릴 차례다. 매출 상승이 동반되어야

'수익률 상승'이라는 본 프로젝트가 완성된다. 매출을 올리는 방법을 좀 정리해보면 크게 세 가지다.

1. 찾아오는 고객의 수를 평균 방문객 수보다 늘린다.

2. 객단가를 올린다.

3. 고객의 지갑을 털어낼 온갖 아이디어를 짜낸다.

손님을 더 불러 모으기 위해서는 지금까지와는 달라야 한다. 앉아서 기다리는 영업방식은 과감히 버리고 찾아가는 마케팅 전법을 구사해보자.

매출을 올리기 위해서 가장 빠르고 효과적인 방법은 에어간판이나 현수막을 활용하는 것이다. 물론 에어간판도 가게 유리창에 붙을 정도로 가깝게 설치하지 않으면 단속의 대상이 된다. 비 오는 날 감전의 위험이 있고 도시 미관을 해치며 교통질서에 방해가 된다는 것이 단속의 이유인데 이건 순전히 '단속자'의 기준이다. 교통사고 위험이 있으니 자동차를 몰지 말라는 것과 크게 다르지 않다. 에어간판으로 인한 감전 사망자보다 교통사고 사망자가 훨씬 많다. 아무튼 에어간판과 현수막의 효과는 고객을 끌어들이는 데 최고다. 가게 전면이 움푹 패여 있다고, 그래서 장사가 안 된다고 한탄하는 업주들이 많은데 에어간판을 세우는 데는 천혜의 환경이다. 구청에서 단속이 나왔다고 주변 매장의 주인들은 전원을 끄고 바람을 빼느라 허둥대지만 이 경우는 '쫄' 필요가 전혀 없다. 분명 에어간판은 불법 설치물인데 사유지냐 아니냐에 따라 단속을 당하기도하고 그 반대이기도 하다. 그러니 내가 시켰다고는 하지 말고 법률상 도로에 해당하는 가게 앞 노란 실선 바깥쪽으로 넘어가지 않도록 안쪽으로만 세우면 단속 공무원들과 옥신각신하는 수고를 덜 수 있다. 만약 단속을 강행한다면 당당하게 물어봐라. 간판 대신 자동차가 불법으로 주차되어 있으면 견인이나 수거를 할 수 있는지 없는지. 이게 법이 가진 허술함이다.

시중에 나와 있는 에어간판은 고객들의 시선을 조금이라도 더 잡아끌기 위해 진화를 거듭하고 있다. 기본인 원형을 지나 사각형, 충전형 그리고 최근에는 인사하는 에어간판도 등장했다. 개그맨 최효종 씨를 모델로 한 노래방 프랜차이즈에서 이 에어간판을 활용하고 있는데 배꼽을 잡을 정도로 재미있고 아이디어가 뛰어나다. 가격이 부담되시는 분들이라면 현수막 제작도 생각해볼 수 있다.

경쟁이 심해지면서 현수막 가격이 많이 떨어졌다. 10장을 주문하면 장당 9,900원에 서비스하는 업체가 상당수고 업주가 직접 디자인을 할 수 있도록 프로그램과 툴을 지원하기도 한다. 현수막은 에어간판에 비해 효과는 조금 떨어지지만 저렴한 가격과 이동의 용이함 덕분에 기동력 있는 젊은 사장들에게 사랑받는다.

내가 아는 L 사장은 현수막 100장을 주문해서 한 날 한 시에 한 지역에 부착했다. 예전에 '선영아 사랑해'가 그랬던 것처럼. 상호와 메뉴 그리고 전화번호만 대문짝만하게 넣는 것이 특징인데 왜 가격을 넣지 않느냐고 물으니 백이면 백 궁금한 손님들이 직접 전화해서 묻는다고 한다. 이걸로 톡톡히 재미를 보고 꽤 많은 돈을 모은 그는 지금도 현수막 사무실로 직접 찾아가 직원들을 괴롭히고 있다.

게릴라 부대처럼 움직이는 P 사장도 있다. 그는 현수막을 무책임하게 버려두고 오는 일이 없다. 반드시 챙겨서 돌아오는데 이건 부착하는 장소가 특이하기 때문이다. 출근 시간 경인고속도로를 타고 서울 방향으로 이동을 하면 육교를 두어 개 만나게 되는데 P 사장이 가장 아끼는 장소는 목동과 신정동 근처. 이건 정말 기동력과의 싸움이다. 경인고속도로는 7시부터 막히기 시작하는데 이 정체 시간을 활용한다. 육교 위에서 자신의 가게와 메뉴가 적힌 현수막을 흔들어댄다. 그냥 묶어두는 것보다 이편이 훨씬 효과적이라며 은근히 자랑한다. 이를 보고 찾아오는 손님들은 젊은 친구가 대단하다며 칭찬을 아끼지 않는다. 그는 스스로 부지런을 떨면 얼마든지 고객을 불러들일 수 있다고 호언장담한다. 방법이 궁금해 나도 따라 나선 적이 있는데 정말 서 있던 자동차 안의 운전자들이 고개를 빼들고 현수막을 확인하는 모습을 보며 놀랐던 일이 있다.

　이러한 갖은 방법을 통해 손님을 매장으로 끌어들였다면, 이제 매장 안에서 매출을 올리는 가장 기본인 '객단가'를 높여보자. 고기 집이라면 1인분 먹을 고기를 2인분 먹게 하거나 소주 한 병 마실 걸 2병 마시도록 하는 게 기본 중의 기본이다. 술이 좀 남아 있는 테이블에 고기를 반 인분 정도 서비스하면 소주가 부족해진 고객이 다시 주문한다. 이와 반대로 고기가 좀 남아 있을 때 소주 한 병을 서비스하면 고기 주문으로 이어진다. 객단가를 올리기 위해서는 더듬이를 곧추세우고 손님의 일거수일투족을 감시(?)해야 한다. 가려운 곳을 긁듯 손님이 필요로 하는 부분을 정확히 읽어낸다면 반드시 객단가는 오르게 되어 있다. 바로 앞에 '읽는다'라는 표현을 쓴 이유는 손님의 분위기를 파악해야 한다는 또 다른 뜻이다. 소주 한 병 시켜놓고 제사를 지내는 커플에게 이런 방법으로 어설프게 덤볐다가는 본전도 못 뽑기 십상이다. 타율이 좋은 타자가 선구안을 기르듯 손님들을 읽을 수 있는 눈과 감각을 기르는 것도 객단가를 올리는 데 일조한다.

　그 다음으로 많은 분들이 궁금해 하는 세트메뉴 구성이다. 단품보다 세트메뉴가 업주에게는 훨씬 이득이라는사실을 알고들 계실 거다. 장사 좀 한다하는 집들에는 반드시 세트메뉴가 있다. 손님들을 위해 선심을 쓰듯 구성했지만 사실 결과적으로는 업주에게 도움이 되는 시스템이다. 아래와 같은 메뉴를 파는 족발집이 있다고 치자.

족발 (大) 35,000원

족발 (小) 25,000원

샐러드 10,000원

계란찜 5,000원

홍합탕 15,000원

    셋이 가서 족발 작은 것과 샐러드, 계란찜, 홍합탕을 다 시키면 5만 5,000원인데, 이걸 세트 메뉴로 구성해서 '족발 (小) + 샐러드 + 계란찜 + 홍합탕 = 45,000원'이라고 적어놓으면 열 중 아홉은 세트를 시킬 가능성이 높다. 이래야 득을 볼 수 있다고 대부분의 손님들은 생각한다. 확실히 가격을 할인받는 것은 맞지만 손님보다 가게에 이득이 된다. 족발에 한잔 걸치는 가벼운 자리라면 거개의 주당들은 메인 메뉴인 족발과 국물 하나면 족하다. 푸짐한 양과 할인된 가격을 미끼로 유혹해서 손님의 지갑을 터는 것이 세트메뉴의 매력이다. 판매 가격이 상승하는 비율만큼 원가가 늘지는 않는다. 다시 말해, 덜 남더라도 두세 개를 더 팔아서 수익을 올리는 것이 바로 세트메뉴 전략이다. 이탈리안 레스토랑에서 세트메뉴 운운하며 샐러드와 스프, 디저트 등을 끼워 파는 것도 같은 맥락이다. 국숫집에서도 김밥집에서도 치킨집에서도 어느 업장에서든 적용이 가능한 훌륭한 판매기법이 세트메뉴다.

　　결론적으로 말하면 비용을 줄이고 손님을 끌어들이고 객단가를 높이면 당장 수익이 늘어난다. 다 아는 사실이라고? 몰라서 못 했다면 핑곗거리라도 되지만 알면서도 실행하지 않았다면 그건 장사하는 사람으로서 죄악이다.

행인이
손님이 되고,
손님이
단골이 되기까지

"오늘은 뭐 먹지?"

매일 최소 한 끼는 외식을 해야 하는 직장인들은 11시만 되면 걱정이 앞선다. 전날 술이라도 한잔 걸친 상태라면 더욱 심각해진다. 배배 꼬인 속을 풀어야 하는데…. 국방부 시계보다 더디 가는 회사 벽시계가 꼴도 보기 싫어진다.

양주에 적셔놓았던 위장을 달래는 데는 아무래도 복국이 좋다. 펄펄 거친 숨을 토해내는 뚝배기 안에서 복어 덩어리와 콩나물, 그리고 미나리가 시원한 향을 뿜어내는 복국. 숟가락으로 조심스레 국물을 떠 후후 입김을 불어 식혀가며 입술에 먼저 대본다. 앗, 뜨거워! 녀석이 좀체 허락을 하지 않는다. 다시 두어 번 입김 공격으로 열기를 잡고 호로록 혀가 데지 않게 목으로 넘긴다. 의도하지 않았는데 사우나 열탕 속의 아저씨처럼 주책 맞게 비명(?)이 새어나온다.

"으어~~~ 어!"

뜨거운 복 국물이 식도 어느 부위를 내려가고 있는지 정확히 알 수 있으리만치 찌릿하다.

와인에 위장을 흠뻑 빠뜨린 날에는 빨간 대구탕이 제격이다. 단 고 춧가루가 둥둥 뜨는 대구탕이 아닌 고춧가루 물 내리듯 그저 벌건 국 물이면 좋다. 그래야 바닥에 깔린 무 조각도 보이고 대구 대가리도 드 러난다.

대구탕을 먹는 방법은 복국과는 조금 다르다. 스테인리스 탕 그릇 을 두 손으로 들고 경사져 고여 내린 입술 바로 앞의 국물을 홀짝 거 려야 입신의 경지다. 대가리 부위를 선택하는 이유는 한 마리에 딱 두 점 나오는 '뽈살' 때문이다. 다른 부위 살과는 달리 봉곳하게 솟은 볼 륨감과 매끄러운 질감이 혀를 즐겁게 한다. 쫀득쫀득 씹히는 식감은 대구가 생선 중에 으뜸이다.

세계 맥주로 달린 날에는 뭐니뭐니해도 진한 닭 육수로 만든 하얀 짬뽕이 예술이다. 빵빵하게 부풀어 오른 굴 한 점을 입에 넣고 혀 위 에서 두어 번 굴리다 깨물면 바다 우유가 툭 터져나온다. 또 엄지와 검지로 백합의 껍데기를 잡고 이로 훑어내리면 단물이 줄줄 흐른다.

장사는
처음부터 끝까지 디테일이다.
디테일이 살지 않으면
고객은 감동하지 않는다.

하얀 짬뽕을 메뉴로 선택하면 큰 숟가락은 덤으로 따라온다. 모름지기 해장은 국물 먹자고 하는 짓인데, 숟가락이 큼직해 든든하다.

마지막은 소주! 도대체 누가 쌀국수를 처음 수입한 걸까? 쌀국수로 쓰린 속을 달랠 때마다 '최초로 수입한 사람한테 훈장이라도 하나 줘야 하는 거 아니야?' 하는 생각이 든다. 숙주를 듬뿍 올리고 레몬즙을 짠 뒤, 새빨간 스리라차 소스를 뿌리면 준비 끝. 얇게 저민 양짓살 한 장으로 쌀국수를 감싸 입에 밀어넣고 국물을 세 숟가락 떠 넣어줘야 베트남 스타일의 해장이 끝난다.

그나저나 섞어 마셨으니 오늘은 어디서 해장을 한담. 시침과 분침이 동시에 12를 가리키는 것을 신호로 내달음쳤는데 벌써 사람들로 거리가 북적인다. 이런 낭패가! 목표로 하고 뛰었던 짬뽕집 앞은 대기표 든 사람으로 한가득. 두리번 두리번. 어라! 어탕국수 집이 새로 생겼네. 생선이 하늘로 용솟음치는 에어 간판이 발목을 잡는다. '단양 어탕국수'라….

단양 하면 쏘가리고, 쏘가리 하면 단양 아닌가! 상호의 캘리그라피도 제법인데? 벌써 마음이 기울기 시작했다. 쇼윈도에 레이저 커팅으로 치장한 안내 문구가 한눈에 들어온다.

'자연산만 취급합니다!'

됐다. 결정이다. 터치식 자동문에 인테리어도 깔끔하다. 무엇보다 안심이 되는 건 신장개업한 업소인데도 테이블이 거의 차 있다는 점이다. 요것 봐라.

아크릴로 세련되게 만든 메뉴판을 훑는데 어탕국수가 6,000원이다. 땡 잡았다. 매운탕 한 그릇 먹으려면 8,000~9,000원 지불해야 하는데 6,000원이라니. 가격이 착하다. 설마 저러다 한두 달 지나 앞자리 숫자를 7이나 8로 고치는 건 아니겠지?

찬을 내는 홀 직원들의 유니폼이며 소주 회사에서 제공한 앞치마가 완전 새 거다. 김치 국물이 튀어 있지도 않고 탕 국물로 바랜 얼룩도 없다. 주문을 받는 직원이 짤막하지만 강력한 멘트를 날리고 돌아선다. 국수는 주방에서 직접 밀고, 김치는 해남산 배추로 담갔고, 꼬시래기는 고흥산이고 김은 대천에서 공수했단다. 계란말이는 파주의 농장에서 가져온 유정란으로 구웠다는 말도 잊지 않았다. 고급 일식집에서나 볼 수 있는 프레젠테이션이다. 직원 교육을 이 정도로 할 수 있는 주인장이라면 맛이 만만치 않겠는데.

테이블에 함께 오른 조밥이 아니었더라면 조금 실망할 사이즈의 작은 뚝배기에 국수가 담겨 나왔다. 6,000원인데 이해하자. 일단 목을 축여야 하니 주전자의 물을 따른다. 색깔이 좀 그렇다. 맛은? 6,000원짜리 국숫집에서 둥굴레차를 내주네. 자자, 어탕국수에 집중하자.

걸쭉하고 칼칼한 국물이 목을 훑고 지나간다. 후두둑 끊어지는 국수발도 좋다. 쑥갓과 건더기를 다 건져 먹고는 조밥을 마는데 노오란

밥이 벌건 국물과 대비되어 도드라져 보인다. 토렴을 하듯 국물을 살살 끼얹다가 밥 덩어리를 무너뜨리고 거칠게 뚝배기 안을 휘젓는다. 이마와 콧잔등에 땀이 송글송글 맺힌다. 큰 감동은 아니었지만 가격 대비 꽤나 만족스러운 식사였다.

하얀색 폴로셔츠가 잘 어울리는 중년의 주인이 고개를 연신 숙이며 뭔가 부족한 것이 있으면 언제라도 말해달란다. 이 선한 마음이 언제까지 이어질 수 있을까? 진상 고객들의 불평불만도 들어줘야 하고 '꽐라'가 된 취객들의 행패도 받아줘야 할 텐데….

"이렇게 팔고도 남으세요? 저녁에 소주 한 잔하러 꼭 올게요."

진심이었다. 가게 문을 열고 나서는데 선선한 바람이 땀을 식힌다. 내 손에는 빨대 꽂힌 요구르트 한 병이 쥐어져 있었다.

어떤가. 가상의 컨설팅을 이야기로 꾸며보았다. 디테일이 살지 않으면 고객은 감동하지 않는다. 그저 맛있다고 해서, 단지 싸다고 해서 손님들이 꼬이지는 않는다. 행인을 손님으로 만들기 위해서는 대담함과 용기가 필요하고, 손님을 단골로 만들기 위해서는 섬세함과 배려가 필요하다. 인간은 작은 것에서 행복을 느끼기 때문이다.

과연 난 사람을 행복하게 만들 준비가 되어 있을까? 그 대답이 '예스'라면, 잘되는 장사를 할 기본 준비는 마친 셈이다.

무조건
현금을 돌게 하라

누군가 그랬다. '돌고 도니까' 돈이라고. 돌지 않으면 돈으로서의
의미가 없어진다고. 돈은 손에서 손으로 주머니에서 주머니로 돌면서
사람을 화나게도 하고 행복하게도 하는 듯하다.

돈은 '기氣'와 닮은 점이 참 많다. 우연치 않은 기회에 기에 관한
특강을 들은 곳은 개성식 한정식으로 유명한 '한식당 개성'의 아담한
방이었다. 컨설팅을 해드린 관계로 사장님과 친분이 있어 귀한 손님
을 모실 때면 찾는 곳인데, 그날은 DJ 이종환 선생과 약속이 있었다.
선생은 친한 후배인 김도향 선생과 동행이셨다. 뜻하지 않게 한국 음
악계의 전설인 두 분과 식사를 하는 기회가 마련된 것이다. 한창 식
사를 하던 도중 김도향 선생이 물으셨다.

"유진 씨, 기가 막힌다는 게 무슨 소린지 알아요?"

"어이가 없어서…?" 얼버무렸다.

"자연스레 온몸을 타고 흐르는 게 '기'인데, 이게 막히는 거야. 소

화도 안 되고 피도 안 돌고 몸이 엉망이 되는 거지."라고 설명하신다.
아하, 그렇구나!

"그럼 기분 좋다는 게 뭔지 아쇼?"

버벅거리자 바로 '5분 기 특강'이 시작되었다. 요는 이렇다. 기氣
가 원활하게 온몸 구석구석까지 나뉘어서分 퍼지는 게 '기분氣分 좋다'
의 원뜻이란다. 내가 출연하는 프로그램에서 인용처를 밝히고 한두
번 써먹어도 괜찮겠느냐고 물으니 시원스럽게 답해주신다.

"그럼 기분 좋아지는 거지!"

장사꾼 기분이 좋아지려면 손에 돈이 많이 들어와야 한다. 카드로
결제를 해도 결국 내 돈이 되긴 하지만 기분은 현찰만 못하다.

"우리 집은 다 카드예요. 매출은 올랐는지 모르겠지만 현찰을 셀
일이 없으니 흥은 안 나요."

12~14시간 중노동을 하고도 버틸 수 있는 건 '돈 세는 맛' 덕분이
다. 만 원짜리, 오천 원짜리, 천 원짜리 수북하게 쌓아놓고 가지런히
정리를 해 다발을 만들면 피로가 싹 가신다고 한다. 그래, 칭찬은 고
래도 춤추게 한다는데, 현찰로 자영업자들 흥을 한 번 올려 볼까나?

휴대폰이 없던 시절. 연락을 받기 위해 다방이나 제과점에서 기다
려 본 분들은 이 모습을 기억할 것이다. 따르릉 따르릉 전화벨이 울

리면 고개가 돌아가고 "김재식 손님, 전화 받으세요~!" 하면 쏜살같이 달려갔던 기억. 호텔은 달랐다. 자리에 앉아 있으면 딸랑 딸랑 작은 종소리가 울린다. 소리 나는 곳으로 시선을 옮기면 세련된 유니폼을 차려 입은 홀 직원이 손잡이 달린 작은 칠판에 이름을 적어 돌아다녔다. 이걸 이용해보자는 것이다.

꽤 짭짤한 재미를 볼 수 있으니 형광펜으로 줄이라도 치자. 단 탈세가 목적이라면 이 페이지를 건너뛰시라. 손님들과의 커뮤니케이션을 목적으로 한다면 반드시 실행해보기 바란다.

'시간제 현금 서비스'

방법은 간단하다. 오후 8시부터 10시까지 현금으로 결제를 하는 손님들에게 서비스를 제공하는 것이다. 고기 1인분도 좋고, 음료수 두 병도 좋고, 멍게 한 접시도 좋다. 손님은 서비스 받아서 좋고, 주인은 현금 받아서 좋고! 누이 좋고, 매부 좋고!

혹 색안경 끼고 볼 분도 있으리라. 카드로 계산을 하면 10% 부가세를 내야 하는데, 이거 누락시키려고 하는 의도라고 악의적으로 비판할 이가 있을지도 모르겠다. 탈세하자는 것이 아니다. 다만 수십 억 수백 억 추징금 안 내고 버티면서 비싼 법무법인의 변호사를 고용해 쥐새끼마냥 빠져나가는 종자들도 있는데, 왜 우리 같은 영세업자만

너무 억울하지 않은가! 세금 납부는 국민의 의무다. 가끔 버는 것보다 나가는 것이 더 많아 억울한 이들도 있을지 모르지만….

　이야기가 좀 샜다. 아무튼 현금으로 계산하는 손님에게는 그에 해당하는 서비스를 반드시 해드려야 한다. 단지 형식적으로 서비스 접시를 올려줄 것이 아니라 따뜻한 마음을 건네도록 하자.
　"늘 감사합니다. 고기를 더 올려 드릴까요? 아니면 맥주를 서비스로 드릴까요? 지난번 보니까 자제분이 고기를 아주 좋아하던데… 오늘은 같이 안 오셨으니 돼지갈비 포장 좀 해드릴까요?"

　인간은 작은 것에서 감동을 받는다. 이렇게 친밀한 관계를 맺어야 손님을 단골로 만들 수 있다. 단골이 많아져야 현금도 잘 돈다. TV 광고에서는 박카스를 마셔야 피로가 회복된다지만, 장사꾼의 피로는 현찰이 풀어준다는 사실, 잊지 말자.

12500원!
오전11:00 ~ 오후2:30
Break Time : 오후 2:30 ~ 오후 4:40
Dinner Time : 오후 4:40 ~ 오후 9:30
마지막주문은 오후 9:00까지 입니다.
• 홍대본점은 연중무휴입니다.
(구정과 추석만 쉽니다.^^)

손님이
찾아와야 할
이유를 만들어라

절대로 안 망하는 나만의 메뉴 선정법

1년에 4번
'계절특선 메뉴'로
승부를 봐라

늦은 봄날 택시를 타자마자 기사분이 인사말을 건넨다.
"어서 오세요. 에어컨 켜 드려요?"
"괜찮은데요… 창문 열고 가죠 뭐."

히터 끄자마자 에어컨이라고 누구를 향한 원망인지 모를 말을 기
사가 중얼거린다. 지구가 더워지다 보니 한반도도 피해가지 못하는가
보다. 그래도 다행인 것은 건강한 산이 있고, 깨끗한 바다가 있어 1년
내내 자연이 주는 선물을 받고 있다는 거다. 그나마 내가 이 땅에 발
붙이고 사는 마지막 이유다.

겨우내 추위와 싸우느라 지친 몸이 말을 건다.

'봄인데 뭐 근사한 보양식이라도 먹여줘야 하는 거 아닙니까, 주인님?'

난 몸이 거들면 두말없이 떠난다. 봄이면 통영이다. 막 땅을 뚫고 올라온 어린 쑥을 슬쩍 담가 한소끔 끓여내는 도다리국 한 사발을 먹어야 직성이 풀린다. 올라오는 길에 표고버섯 정찬을 챙기는 것도 잊지 않는다. 들기름에 지져낸 표고구이와 흙내음을 은은하게 품고 있는 표고영양밥, 그리고 양지와 사태로 맑게 국물을 우려낸 전골까지 먹어줘야 봄을 맞은 몸에 말썽이 안 난다.

여름은 또 어떠한가? 등줄기에 땀이라도 맺히기 시작하면 잠자코 있던 녀석이 또 스멀스멀 꿈틀댄다.

'아이고 더워서 못 살겠네. 여수 갑시다. 어여 빨랑.'

하도 멀어서 운전은 꿈도 못 꾸고 기차에 몸을 싣는다. 하모(갯장어)가 올라오기 시작하는 걸 몸이 먼저 기억하고 있기 때문이다. 거기서 거기라는 걸 알면서도 난 또 그렇게 경도회관을 찾는다. 회 한 접시, 샤브샤브 한 냄비 먹고 나면 그제야 여름이구나 느낀다. 한 끼만 먹고 돌아서면 그건 여수에 대한 예의가 아니다. 된장게장도 먹어 치우고, 밀폐용기 싸가는 걸 만날 잊어 가게 앞 슈퍼에서 커다란 플라스틱 통을 쇼핑하게 만드는 칠공주집 장어탕도 비우고, 대한민국에서 가장 깔끔하고 맛난 세림 한정식까지는 돌아야 그나마 '여수'를 볼 면목이 생긴다.

가을은 내 몸이 느끼기 전에 장모님의 아이스박스에서 시작된다. 속살이 빵빵하게 오른 꽃게를 가득 사와 삼분의 일은 찌고, 삼분의 일은 게장을 담고, 나머지 삼분의 일로 칼칼하게 탕을 끓인다. 목욕탕에서 실컷 물장난한 꼬마처럼 손가락 지문이 퉁퉁 불어 오글쪼글해질 때까지 빨고 또 빨면 그제야 가을인가 싶다.

몸의 감각이 무뎌져서인지 나이를 먹어서인지 겨울이 오는 건 그리 예민하게 반응하지 못한다. 그래도 수산물 시장 바닥에 깔린 석화며 홍합을 보면 다시금 회가 동한다. 석쇠 위에 올려놓고 구우면 끝내주는데…. 아니 거제에서 먹은 찜마냥 커다란 스테인리스 용기에 넣고 '퓨지직' 김을 쏘이면 매끈한 살이 봉곳 솟아오를 텐데…. 무슨 소리야. 무를 채 썰어 넣고 국을 끓여야 해장에도 도움이 되지. 뜨끈한 국물이 생각나는 걸 보니 확실히 겨울은 겨울인가 보다.

이렇듯 다양하고 신선한 재료가 있으니 '계절특선'이 가능한 것이다. 계절별 특선 메뉴라고 하면 호텔의 특식, 특히 고관대작이 드나드는 7성급 레스토랑에서나 맛볼 수 있는 것이라 생각할지 모르겠다. 하지만 일본, 중국, 대만, 홍콩 등지에서는 조그마한 이자카야나 바에서도 '계절 특선 메뉴'를 낸다. 본연의 아이덴티티는 잃지 않으면서 제철 재료를 이용해 세트 메뉴를 구성하거나 토핑에 변화를 주는 것이다.

완두콩이 나기 시작하면 발 빠르게 메뉴판을 개편하고 '완두콩 7종 안주 세트' 같은 문구와 사진을 올린다. 완두콩으로 샐러드를 만들고, 볶고, 튀기고, 으깨고, 삶아서 완두콩 요리의 스펙트럼을 넓힌다. 단골손님이라면 작년에 먹던 그 맛과 추억이 새록새록 떠올라 흥에 겨워지고, 처음 방문한 손님도 '아, 완두콩이 지금 제철이구나.' 하며 다른 곳에서는 쉽게 맛볼 수 없는 요리에 반하게 된다.

다시 호텔의 계절 메뉴 이야기로 돌아가보자. 유명 호텔들은 경쟁이 붙기 때문에 사전조사도 치밀하게 하고 메뉴 구성을 위해 몇 날 며칠 뜬 눈으로 지새우기도 한다. 피 마르는 전쟁이 시작되는 것이다. 생각해보시라. 왕 회장님들이 두 눈 시퍼렇게 뜨고 승부를 지켜볼 테니 아무렇게나 대충할 수 없는 것이 '계절 특선 메뉴'다. 그래서 소속 주방 스텝들은 물론이고, 종종 해외 유명 셰프들을 모셔 용병으로 활용하기도 한다. 다 고객들을 불러 모으기 위함이다. 아무리 단골이 많은 레스토랑이라 하더라도 고객들이 매일 찾아와 식사를 할 수는 없는 법. 잊고 있던 맛의 기억을 끌어내기 위해 'ㅇㅇ호텔 계절 특선 메뉴'라고 대문짝만하게 현수막도 걸고, 전단지도 인쇄하고, 신문과 잡지에 광고도 낸다.

물론 이렇게까지 하자는 것은 아니다. 대신 당신의 음식에 지루해진 고객들을 위해 머리를 좀 써보자는 거다. (프랑스나 이탈리아 그리고 일본의 셰프들이 만들어내는 화려한 비주얼과 예술작품 같은 플레이팅을 무리하게 흉내 내라 하고 싶은 생각도 없다. 먹기도 전에 위압감을 주는 경우도 많다.)

치킨집에서는 계절별 메뉴를 내기 어렵다고? 무슨 말씀을. 아이디어만 좋으면 프랜차이즈 본사에서 그 기발함에 탄복해 전체 가맹점으로 확대시킬 가능성도 있다. 파닭의 성공 사례를 더듬어보라. 간장 양념이야 기존 교촌에 있던 거고, 수북이 산더미처럼 올린 파 하나로 전국을 강타한 사실을 기억하고 있다면 좀 도전해볼 만하지 않은가?

겨울이 끝나자마자 나만의 '봄철 특선 메뉴'를 준비해보라는 것이다. 봄동 샐러드나 냉이 초고추장 무침을 치킨과 함께 내는 것도 한 가지 방법. 물론 계절 특선 메뉴고 세트니 가격은 단돈 1,000원이라도 받아야겠지. 이러면 수준이 달라진다. 아직까지 아무도 시도해보지 않은 도전이니 당신이 시작하면 1호가 되고 원조가 될 수 있다. 실행해 옮길 수 있다면 이건 그냥 치킨이 아니다. 양배추 대충 썰고 싸구려 소스 뿌려주는 '사라다'와 업소용 하얀 무를 낼 것이 아니라 3, 4, 5월 딱 석 달은 들기름으로 고소하게 버무려낸 봄동 샐러드를 특선 메뉴로 준비해보는 거다.

봄동만이 자격이 있는 건 아니다. 냉이나 달래도 초고추장에 버무리면 아주 훌륭한 치킨의 파트너가 된다. 가게 앞에 현수막을 걸면 효과는 더 높아지겠지. 그렇지 않아도 맛으로는 유명한 집인데 봄철을 맞아 고객들을 위해 특별 세트 메뉴를 개발했단다. 맛보지 않을 사람이 얼마나 되겠는가. 샐러드 하나만 달랑 내기가 뭣하다고? 그럼 최근 상종가를 치고 있는 대저 짭짤이 토마토를 함께 내보자. 일본 이자카야의 신 우노 다카시 선생이 언급했던 바로 그 기본이다. '먹음직스러운 토마토를 예쁘게 썰어내는 것만으로도 훌륭한 안주가 될 수 있다' 하지 않는가. 거기에 박스에 적혀 있는 토마토의 산지와 생산자(과일의 경우 대부분 산지 농협과 생산자의 이름과 전화번호가 적혀 있는 경우가 많다)까지 적어서 벽에 붙인다면 금상첨화.

어디 치킨집뿐이겠는가? 삼겹살집이라면 두릅을 깨끗하게 씻은 후 물기를 탁탁 털고 길쭉한 접시에 가지런히 뉘어 '삼겹살과 최고 궁합 두릅구이'라고 적는 거다. 이 땅에서 나는 어떤 재료가 삼겹살과 어울리지 않겠는가? 시어빠진 김치도 삼겹살 기름과 만나면 훌륭한 요리가 되는데…. 아이디어가 마구 떠오른다고 한 달 간격으로 메뉴를 바꾼다면 정체성을 잃을 수도 있다. 계절 특선이라는 의미를 전면에 내세우고 1년에 4번만 계절 특선 메뉴를 내겠다고 고객들과 약속을 하는 거다. 삼겹살이라는 메뉴는 포용력이 좋다. 그래서 제철 식재료를 더해 조리를 해도 넉넉히 받아주는 너그러움이 있다.

특히 연체류와의 궁합은 이미 널리 알려진 바, 3월에 들어가기 무섭게 2만 원짜리 현수막을 거는 거다.

'몽대포구 주꾸미와 삼겹살의 만남, 주꾸미 삼겹구이'

매콤하게 양념을 재워서 내는 집에서는 종종 볼 수 있지만 양념을 하지 않아도 얼마든지 가능하다. 예를 들어 불판 위에 삼겹살 한 줄, 주꾸미 대여섯 마리 그리고 콩나물 무침을 올려서 구워보면 아들내미가 들이미는 젓가락질이 미워질 정도. 야들야들한 식감이며 촉촉한 바다 향이 당신을, 그리고 손님들을 사로잡을 것이다.

고깃집으로 좀 넓혀볼까? 갓김치가 물이 오른다는 5~6월에는 차돌박이와 함께 키조개를 올려보라. 이름하여 '6월의 삼합!'(8월의 크리스마스처럼!)

10여 년 전 오천항에서 키조개 채취를 취재할 때 어촌계장님이 한우 등심과 키조개를 함께 구워 묵은 갓김치에 먹어보라고 권한 적이 있었다. 그 비싼 등심이며 키조개를 왜 굽고 싸고 난리일까 타박할 겨를도 없이 내 입에는 어느새 한 쌈이 옮겨져 왔고 시큼한 김치를 깨무는 순간 뜨끈한 등심과 주상절리마냥 으스러지는 키조개가 쏟아져 나오는데 그때 난 결심했다. 환갑 전에는 꼭 고기 삼합집을 해야지.

아이템 본연의 아이덴티티는 잃지 않고
제철 재료를 이용해
토핑에 작은 변화를 주는 것만으로도
색다른 변화를 줄 수 있다.

또 어떤 재료가 있을까? 그래, 가지가 있었지. 단순하게 볶으면 곁들임 음식으로밖에 대접을 못 받지만 '여름특선! 컬러푸드 가지 특별전'이라고 써 붙이고 근사하게 썰어서 한 접시에 3,000원씩 받는 거다. 누가 사먹겠냐고? 일단 한번 해보면 아마 이 책을 겨드랑이에 땀이 나도록 끼고 다닐 걸. 대신 주문을 받을 때 추천하는 것을 잊으면 안 된다.

"여름철 보양식 중에 제일이 뭔지 아세요? 바로 가지랍니다. 컬러푸드의 대명사고요. 〈비타민〉이나 〈스펀지〉에서도 극찬한 항암식품의 대표주자. 이걸 고기와 같이 구워 드시면…." 설명이 끝나기도 전에 주문 날아온다.

"한 접시 줘보세요. 몸에만 안 좋아봐라. 사장님이 책임지기에요."

대신 한 가지 부탁이 있다. 주문을 받았으니 '내 주머니에 돈이 들어오겠구나'라고 흐뭇해할 게 아니라 '우리 집을 찾은 손님이 내가 정성껏 준비한 가지를 드셨으니 조금이라도 건강해지시기를'이라고 빌자. 진심은 통한다. 계절 특선 메뉴를 만들자는 제안 역시 여러분의 매출에도 도움이 되겠지만 그로 인해 손님 또한 수혜를 볼 수 있어야 한다는 점을 잊어서는 안 된다. 얕은 상술은 들키기 마련이고 그 순간 손님은 등을 보이고 돌아선다. 또 하나 명심할 점. **계절 특선은 내 음식과 궁합이 맞아야 한다. 봄, 여름, 가을, 겨울, 시즌별로 고객들이 오히려 기다리게 만들어야 성공이라 말할 수 있다.**

"사장님, 지난번 여름 특선 아주 끝내줬어. 가을에는 뭐 할 거예요? 광주 출장 갔다가 봤는데 참게를 코스로 내더라고요. 아이고 또 먹고 싶네. 혹시 아이디어 채택되면 서비스 좀 주려나?"

계절 특선의 매력은 손님과의 커뮤니케이션에 있다. 많이 대화하고, 아이디어 얻고, 진심으로 제철 건강 요리를 준비하자.

P. S.

그동안 컨설팅했던 내용이니 참고하시길.

- 봄 계절특선 : 주꾸미(샤브샤브·두루치기), 모시조개(양푼찜·탕), 표고버섯(구이·차), 달래(샐러드·양념장·튀김), 두릅(구이·튀김·장아찌)

- 여름 계절특선 : 가지(구이), 토마토(샤브샤브·샐러드·스프), 베리류(주스·잼), 고추(튀김·구이·찜·전)

- 가을 계절특선 : 석류(소스·주스), 연근(차), 연어(카나페·샐러드·스테이크), 고구마(샐러드·튀김·구이·밥)

- 겨울 계절특선 : 꼬막(찜·구이·탕·볶음), 홍합(죽·볶음·전골), 석화(레몬회·찜·구이·굴탕·굴밥), 한라봉(주스·소스), 우엉(차)

핸디캡도
콘셉트가
된다니까요!

─ 을지로 〈만선호프〉

생맥주는 이렇게 먹어야 한다.

퇴근 시간이 되기를 기다리다 동료 두세 명과 눈 맞아 '땡' 하는 순간 과장, 부장 눈치 보지 말고 냅다 내빼는 거다. 회사를 나서면 건조한 에어컨 냉기 대신 습도 높은 열기가 몸을 휘감을 테지만 해방감에 눅눅함도 잊게 된다.

같은 배를 탄 동료들도 설레는 모양이다. 큰길을 지나 뒷길로 접어드는데 빌딩 숲 에어컨이 뱉어낸 열풍이 바리케이드 마냥 대기하고 있다. 숨을 참는다. 이러면 대기 중의 노폐물이 폐 속으로 파고 들어오는 것을 막을 수 있다. 사무실과 공장이 밀집해 있는 을지로의 밤은 해가 지기도 전에 미리 찾아온다.

벌써 호프집 앞에는 넥타이부대 서넛이 자리를 차지하고 있다. 백수들인가? 이 시간에 벌써 대작을 하고 있다니…. 맥주 회사에서 제공한 빨간 플라스틱 테이블과 의자가 손님들의 흰색 와이셔츠와 선명한 대비를 이룬다. 우리는 늘 가게 바로 앞 에어컨 바람이 실실 흘러나오는 곳에 자리를 잡는다.

주문할 필요도 없다. 자리에 앉으면 김 서린 500cc 잔 가득 거품이 찰랑거리는 생맥주를 놓고 휙 돌아간다. 얼굴을 확인할 새도 없다. 한 만 번쯤 외쳤을까? 뭘 위하는지도 모르면서 '위하여'를 추임새로 수없이 잔을 부딪친다.

이때다. 차가운 녀석이 혀에서 맛을 느끼기도 전에 목구멍을 타고 내리는 것이…. 어쩌면 생맥주는 이렇게 마시는 거라고 배워왔는지도 모르겠다. 찌르르~ 식도에서 탄산이 터진다. 그새를 못 참고 흘러내린 땀줄기가 종적을 감춘다. 언제 끊어야 할지 손목은 정확히 기억한다. 더 이상 목구멍이 따가움을 견딜 수 없다고 느끼면 뇌가 지시를 하지 않아도 잔이 맥없이 테이블로 떨어진다. 여기까지만 맛있다. 그게 생맥주다. 시원하게 트림 한 방 날리면 막힌 수챗구멍 뚫리듯 생맥주가 장을 타고 흘러내린다.

안주야 무엇이든 대수겠는가! 빼빼 말라비틀어진 노가리도 좋고, 두들겨 팬 북어도 괜찮다. 우리에겐 고추장이 있지 않은가? 호사를 부릴 요량이라면 부추김치 곁들인 훈제 족발이나 두부도 오케이다.

매움(辛)이 맛이 아니듯 생맥주도 그저 통각이라 믿으며 커왔다. 그래
서 첫 모금만 맛있다는 근거 없는 고집이 생겼는지도 모르겠다.

 슬슬 장사 이야기로 돌아가볼까? 아주 많은 퇴직자나 창업 희망
자들이 1순위로 꼽는 업종이 바로 생맥주 전문점이다. 얼마 전까지만
해도 치킨집이 늘 상위권이었는데 경쟁이 치열해지다 보니 점점 생맥
주를 베이스로 한 노가리집이나 세계 맥주 쪽으로 기우는 경향이 두
드러진다.

 궁금해졌다. 대한민국에서 생맥주를 가장 많이 소비하는 매장이
어디인지. 아마도 관세청 건너편 두산빌딩 지하의 OB호프가 아닐까?
직영점이니 최대한 신선한 맥주가 배달되지 않을까? 그런데 취재를
하며 만난 주류도매업의 대부가 내게 이런 귀띔을 해주었다. 을지로
에 있는 만선호프에 가보라고.

 아차차! 하도 오래된 일이라 잊고 있었다. 그렇지, 만선호프가 있
었지. 요새는 예쁘장하게 생긴 생맥주 전문점들(브랜드도 폼 나고 인테리어
도 세련된)을 선호하지만 90년대 후반까지만 해도 생맥주 전문점을 오
픈하려고 하는 이들에게 성지처럼 대접 받던 곳. 대한민국에서 1일
생맥주 소비량이 가장 많은 곳이 만선호프라는 사실을 잊고 있었다.
맥주 맛도 대한민국 최고냐고? 그건 대답 못하겠다.

 하지만 이것만큼은 주장하고 싶다. 별 다른 기술이 없고, 복잡한

식당도 싫다면 꼭 한 번 가보라고. 이렇게 심플한 시스템이 있을까 싶을 정도로 메뉴가 단출하다.

생맥주 500cc 3,000원

노가리 1마리 1,000원

골뱅이 10,000원

부추두부 6,000원

부추김치 2,000원

번데기 5,000원

땅콩 1,000원

싸다는 이유만으로 생맥주를 마시는 사람은 별로 없을 것이다. 여럿이 하나가 되어 두툼한 맥주 잔을 부딪치는 이유는 일체감을 느끼기 위해서이다. 그래서 격식 차릴 필요 없는 분위기와 장소가 필요한 것인데…. 그렇게 생각하면 만선호프만 한 곳이 없는 것도 사실이다.

조금 분석적으로 접근해보자. 손님이 많다는 소리는 그만큼 회전율이 높다는 뜻이고, 회전율 높으면 재료(맥주)의 소진 또한 빠르다. 생맥주 한잔하려고 들어간 집에서 행주 빤 냄새가 나는 맥주를 내온다거나 청소 안 한 에어컨을 이제 막 켠 듯한 악취가 올라온다면…? 여기서 멈추지 않고 잔에서 오징어 내음이 진동한다면…? 으악! 생

만선호프에 가서
일단 자리에 앉은 손님들은
자동으로 천 원짜리 노가리부터 시키고
다른 메뉴를 넘본다.

각만 해도 끔찍하다.

생맥주는 구조적으로 개봉 후 3~4일 이내에 비우지 않으면 악취를 동반한 상한 맛이 올라온다. 어물전 생선만 싱싱해야 하는 게 아니다. 맥주도 신선도가 매우 중요하다. 그래야 맛이 유지되고 손님들도 끊이지 않는다. 이 관점에서 보자면 만선호프는 100점에 가깝다.

생생한 생맥주의 맛을 살리는 데 있어 소비만큼 중요한 게 청소다. 다 알면서도 게으름 때문에 관 세척을 다음으로 미루는 우를 범하는데, 보통 번거로운 일이 아닌 줄은 알지만 성실한 세척만으로도 손님들 발길을 잡을 수 있다.

착한 가격의 안주도 한몫 거든다. 최근 노가리집들이 우후죽순 생기는 이유는 불경기에 그나마 지갑을 여는 곳이 1,000원 노가리집이라는 것을 알아챘기 때문이다. 확실히 파괴력이 세기는 세다. 골목 안에 1,000원 노가리집이 생기면 주변 술집들은 엄청난 타격을 입는다.

원조는 아니지만 확실히 만선호프의 1,000원 노가리는 효자상품임에 틀림없다. 일단 자리에 앉으면 자동으로 노가리부터 시키고, 그다음 모자란다 싶으면 다른 메뉴를 넘보게 된다. 다른 안주 값 또한 보통 생맥주집의 50% 수준. 그래서 이것저것 시키는 데 주저하지 않는다. 부담이 없으니 편안하게 주문하고 또 그렇게 생맥주를 마시는 거다.

그래서일까, 만선호프의 밤은 낮보다 길다. 인생이 피곤할 때면 만선호프로 가자. 그곳에는 만선의 기쁨으로 미소 짓는 선주와 선원들이 항상 대기하고 있으니.

마진이 좋은
아이템을
찾으신다고요?

─ 전주 〈반야돌솥밥〉, 인사동 〈조금〉

이제 막 장사를 시작하려는 예비 창업자들이나 이미 창업은 했지만 수익이 신통치 않은 대부분의 업주들이 가장 많이 하는 질문은 바로 이거다.

"어떤 장사가 많이 남나요?"
난 주저하지 않고 대답한다.
"돌솥밥이요."

앵? 궁금해할 분이 많을 것이다. 판매가격 대비 원가가 상대적으로 저렴한 까닭에 난 언제나 이렇게 대답하곤 했다.

'뭔 소리야! 아구찜이 얼마나 많이 남는데….'

입 꼬리를 올리며 배시시 웃는 분들도 분명 있을 것이다. 하지만 아주 적은 비용으로 창업이 가능하고 또 유지해나갈 수 있는 아이템이 바로 돌솥밥이다.

전국에서 어느 집이 돌솥밥으로 가장 많은 돈을 벌고 있을까? 대한민국 모든 돌솥밥 전문점의 포스를 확인한 바는 없지만 단연코 전주의 '반야 돌솥밥'일 것이다. 하루 평균 700그릇 정도의 돌솥밥이 판매되고 있고, 주말과 공휴일에는 1,000그릇을 훌쩍 넘긴다. 30년 넘게 영업을 이어오고 있는 그야말로 돌솥밥의 명가다. 지금은 할인마트에서도 볼 수 있는 지극히 평범한 용기가 되고 말았지만, 영업허가를 받은 업장에서 최초로 돌로 만든 솥을 사용한 이력 또한 가지고 있는 집이다.

돌솥밥의 매력이라면 누가 뭐라 해도 뜨끈함이다. 원조격인 반야돌솥밥에서는 뚜껑을 연 상태에서 서빙이 되지만 대부분의 유명 전문점들은 나무나 돌로 만든 뚜껑을 손님이 직접 열 수 있게 서빙한다.

이만큼 두근거리는 순간이 또 있을까? 이리저리 돌솥을 관찰하다가 뚜껑을 잡고 슬그머니 밀어제치면 내용물들이 거친 숨을 토해내고, 입김으로 후후 연막을 걷어내면 토핑된 고명들이 인사를 한다. 잣,

밤, 은행, 채 친 표고버섯 등의 재료들 위로 계란 노른자가 버티고 앉아 있다.

모양과 향에 취해 바로 숟가락질을 해대면 돌솥밥의 매력을 100% 느낄 수 없다. 숨을 고르듯 15초만 기다리자. 그래야만 솥바닥에 제대로 밥을 눌릴 수 있다. 바스락거리는 누룽지가 있어야 돌솥밥이다. 이 식감이 없다면 누가 1,000원, 2,000원 더 내고 돌솥밥을 먹겠는가. 노른자를 반으로 갈라 밥 속으로 꾹꾹 밀어 넣는다. 왼쪽으로 비비든 오른쪽으로 비비든 자유다. 뻑뻑하다 싶으면 양념장을 윤활유 삼아 끼얹으면 그만이다.

한 숟가락 입으로 옮기는데 '헉' 하고 숨이 막힌다. 열기 때문이다. 호호 불어가며 숨을 죽이고 입 속으로 볼이 미어져라 비빈 밥을 밀어 넣는다.

엉성한 집에서는 절대 느낄 수 없는 맛이 바로 고소함이다. 밥을 지을 때 사골 육수나 다시마 우린 물을 밑물로 쓰는 집에서는 매끄러움은 물론이고 고급스러운 향까지 올라온다. 버터나 마가린을 밥물에 넣었기 때문이라고 치부하기에는 맛이 좀 오묘하고 종합적이다. 고소하되 느끼하면 안 된다. 칼날 위를 걷듯 정확한 맛의 균형이 필요하다.

이 배합비를 가지고 푸짐하게 손님상에 내는데 저렴하기까지 하다면 돌솥밥으로 빌딩을 지을 수 있다. 처음 시작할 때의 평수는 문제가 되지 않는다. 손님이 차고 넘치면 가게 앞에 테이블을 놓으면 그만이고, 이도 모자란다면 옆집이나 앞집을 인수하면 된다. 가게 앞을 지나가는 행인이 손님이 되고, 한 번 맛을 본 손님이 단골이 될 수 있도록 여러분만의 황금비율을 찾아내야 한다.

아차차, 이제 바닥에 착 늘어붙어 있는 누룽지를 긁을 차례다. 한 가지 팁을 알려주자면 누룽지를 긁을 때 동치미 국물을 조금씩 부어 긁으면 훨씬 수월하게 누룽지를 얻을 수 있다. 게다가 새콤한 국물에 촉촉하게 젖은 누룽지는 먹어본 사람만이 이해할 수 있는 독특한 식감을 가지고 있다.

배가 빵빵해지면 허리띠를 풀어버리고 눕고 싶은 게 사람 심리다.

갑자기 돌솥밥의 원가가 궁금해졌다.

100% 국내산 쌀을 사용하면 대략 350원에서 400원 정도가 원가다. 사골국물로 밥물을 잡는다 해도 대략 500원 정도(설렁탕이 아니다. 냉수 대신 넣는 육수는 사골을 엷게 끓인 물을 말한다. 설마 돌솥밥 밑물로 쓰이는 육수를 유명 설렁탕 전문점처럼 한우 암소 사골을 사용하겠는가!), 토핑용으로 쓰이는 재료들은 500원 정도, 반찬도 7~8가지 기준으로 500원(물론 전복 조림 같은 밑반찬을 내는 집은 예외다), 곱돌솥을 100번 정도만 사용한다 치고 감가상각비를 계산하면 대략 100원.

돌솥밥의 성공비결은
따끈함과 토핑에 있다.
중독성이 강한 재료를 찾아내야 하고
재방문이 가능하도록 친절하라.

눈치 채셨나? 왜 돌솥밥집이 돈을 벌 수 있는지! 대신 맛이 없으면 말짱 도루묵이다. 중독성이 강한 재료를 찾아내야 하고, 재방문으로 이어질 수 있도록 친절해야 한다.

재미있는 사실은 돌솥밥은 토핑에 따라 가격이 기하급수적으로 뛴다는 점이다. 참고로 서울 최고의 돌솥밥 전문점으로 자타가 공인하는 인사동의 '조금'에서는 전복돌솥밥을 28,000원에 판매하고 있다. 간판 메뉴인 조금솥밥은 15,000원이다. 손님들은 단순하다. 최고의 집에서 최고의 재료를 쓴다면 2만 원 아니라 10만 원이라도 낼 준비가 되어 있다. 반복해서 언급하는 것이지만 기본이 7,000원인 돌솥밥에 원가 4,500원짜리 전복을 올리고 11,500원에 팔 장사꾼은 없다. 전복의 마진까지 셈을 해야 하니 전복 가격을 원가 대비 두 배 정도 받는다고 하더라도 16,000원이 된다. 돌솥밥 한 그릇을 판매할 때보다 고스란히 4,500원의 이익을 더 볼 수 있는 것이다.

여의도 증권가나 테헤란로 같은 고급 오피스 타운이라면 세 배까지 가격을 올려도 손님들의 지갑을 훑어낼 수 있다. 이런 관점에서 보자면, 성게알 돌솥밥, 해삼내장 돌솥밥, 멍게젓 돌솥밥 등도 멋진 아이디어가 된다. 성게알 돌솥밥! 아, 마구 달려가서 먹고 싶다. 크림치즈처럼 녹아내리는 노오오오란색의 성게알을 떠올려 보라! 얼마나 매끄럽고, 고소하고, 촉촉하겠는가!

P. S.

김유진이 돌솥밥집을 한다면 이렇게 할 것이다.

1. 주방에 돌솥 전문 취사기를 배치한다.

10구, 14구, 16구, 20구 등 동시에 여러 개의 돌솥을 올릴 수 있는 최신식 취사기가 있다. 타이머까지 부착되어 있어 태울 염려도 없다. 개발자에게 감사할 따름이다.

2. 명란젓을 한 덩어리 통째로 주는 세트를 만든다.

순전히 객단가를 올리기 위한 아이디어다. 대한민국을 대표하는 덕화푸드의 저염명란을 올리면 스토리텔링도 가능해진다. '손님들의 건강을 정말, 진심으로 생각하여 염도가 낮은 저염명란을 씁니다.' 부가 수익은 이런 데서 올리는 것이다.

3. 테이블 위에 계란바구니를 올려놓고 무한리필이라 적는다.

원가가 걱정이 된다고? 그렇다면 장사할 생각을 어서 빨리 접으시라. 8,000원인 일반 돌솥밥을 계란 무한리필이라고 하면 9,000원을 받을 수 있다. 게다가 나처럼 양이 많은 사람은 솥밥을 반 정도 먹은 상태에서 공기밥을 추가로 시켜 계란 한 알 톡 깨서 넣고 양념장으로 비빌 테니 추가 공기밥에서도 500원은 남

는다. 이게 바로 장사의 공식이다. 퍼주고, 감동하게 만들면서 이
익을 늘려라!

4. 저녁 장사를 위해 모주를 준비한다.

식사를 위주로 식당을 운영하는 사장님들에게는 실례가 될지
모르겠지만 소위 '밥 장사'는 한계가 있다. 아무리 손님이 몰려와
도 객단가가 낮기 때문이다. 맛의 고장 전주에서는 모주를 주로 해
장용으로 판매한다. 유명 콩나물국밥집에서는 거의 다 모주를 판
매하고 있다. 직접 만드는 경우는 거의 없다. 대부분은 하수호 회
장이 이끄는 전주주조의 모주를 납품 받아 판매하고 있다. 걸죽하
고 달달한 모주는 분명 효자 노릇을 할 것이다.

선수들만 아는
고기장사의
비밀

– 여의도 〈창고43〉, 동소문동 〈해뜨는집〉, 청주 〈봉용불고기〉

어찌나 맛있게들 드시는지….

고기 좋아하는 아내와 세 아들을 향해 "아침부터 삼겹살을 굽는 집은 강호동 씨네랑 우리 집밖에 없을 거야."라는 소리를 자주 한다.

우리 집에는 대여섯 가지의 불판이 있다. 한우 등심을 굽는 데는 무쇠 철판만 한 것이 없다. 큼직하고 묵직하게 생긴 녀석인데 '대도식당'과 '창고'에서 쓰이는 것과 같은 제품이다. 식탁용 가스레인지에서 뜨겁게 달군 뒤, 두태기름(고기를 구울 때 사용하는 지방)을 살살 바르고 고기를 한 점 올리면… '치지이~익' 하며 잠깐 들러붙었다가 이내 가장자리가 말리면서 오므라든다. 잽싸게 집게로 뒤집어 비싼 고기의 수분과 향이 도망가지 못하도록 가둔다.

기름소금에 찍어 먹으면 반칙이다. 그냥 맨 소금에 귀퉁이만 살짝 찍는 둥 마는 둥 해야 소위 '로스트 플레이버'라고 불리는 고기 특유의 감칠맛을 느낄 수 있다. 막 구운 등심을 입 속에 넣으면 매끄럽게 혀에 감기는 맛이 일품이다. 두세 번 오물거리면 이내 목구멍 속으로 미끄러진다. 혀를 곧추세우며 막아보려 애쓰지만 이미 허사다.

우둔이나 목살을 얇게 썰어 달달한 양념에 재운 불고기는 누가 뭐라 해도 번철이 최고다. 솥뚜껑을 뒤집어 놓은 모양새라 국물이 흐르는 것도 막아주고, 열이 주로 바깥쪽으로 몰리는 덕분에 고기가 타거나 마르는 것을 방지해준다. 모름지기 불고기의 불판은 이래야 대접을 받는다. 발그스름하던 육색이 갈색을 지나 회색으로 접어들면 혀 위에서 굴리기 좋을 만큼 몽글몽글해진다. 입에서 보슬보슬 바스라질 수 있는 조건을 맞추는 데 이만한 불판을 찾기란 쉽지 않다.

손님이 찾아와도 으스대며 내놓을 수 있는 불판은 삼겹살용이다. 보티첼리의 그림 '비너스의 탄생'에서 주인공인 비너스가 서 있던 조가비를 반으로 가른 뒤, 옴폭 패인 아래쪽 골에 구멍을 내 돼지고기의 기름이 빠질 수 있도록 디자인한 형태다. 경사가 기가 막혀서 고기는 미끄러지지 않고, 기름만 흘러내려 김치를 익힌다. 거뭇거뭇 익힌 김치를 깔고 크리스피하게 구운 삼겹살 두 점을 올려 돌돌 만다. 입으로 옮겨 씹으면 김치가 폭 찢어지며 살코기가 밀려나온다. 하얀 쌀밥 한 숟가락이 더해지면 금상첨화다.

최근 외국에서 돼지고기 가격이 오르는 이유는 순전히 이 맛의 변증법 때문이다. 단백질과 나트륨, 그리고 탄수화물이 빚어내는 중독성은 끊을 방법이 없다. 중국인들이 김치 삼겹살에 환장하기 시작했고, 일본에서는 급기야 삼겹살 평론가까지 등장했다고 한다.

뜬금없이 우리 집 불판 이야기를 늘어놓은 이유는 고기장사의 성패가 불과 불판, 그리고 고기의 가격에서 결판나기 때문이다. 고기로 떼돈을 벌고 있는 장사의 신들은 위의 세 가지 요소를 목숨(!)보다 중요하게 생각한다.

"매각되고 난 뒤 맛이 예전만 못하다."는 평가를 받고 있는 '대도식당'의 뒤를 이어 새로운 강자로 급부상하고 있는 '창고43'의 경우, 불판과 온도에 대한 집착이 이만저만이 아니다. 주목할 만한 사실은 고기를 굽는 최적의 온도를 찾아냈다는 것. 소고기 내부의 온도가 55~80℃일 때 가장 맛있게 근지방을 녹이고 단백질을 구워준다는데, 이걸 발견하기까지 거의 10년이 걸렸단다.

영등포에서 한번 말아먹고(?) 여의도에 입성한 후, '창고43'의 고객은 매년 기하급수적으로 늘고 있다. 이제는 여의도를 벗어나 을지로와 명동 권역까지 그 세를 불리고 있는데 "불경기도 '창고43'은 비껴나간다."는 우스갯소리가 돌 정도다.

나는 컨설팅을 할 때마다 반드시 방문해봐야 할 매장으로 '창고 43'을 추천한다. 눈썰미 있는 의뢰인들은 적어도 두 가지 아이디어를 얻고 돌아간다. 원형 무쇠 철판을 달구고, 기름 덩어리를 바르고, 고깃덩어리를 올리는 것까지는 대도식당과 다르지 않다.

한데 고기가 익기 시작하면 희한한 도구가 등장한다. '헤라.' 창고에서는 이렇게 부른다. 벽에 테라코타를 바를 때나 쓰임직한 사다리꼴 모양의 스테인리스에 나무 손잡이가 달린 도구인데, 이걸로 고기를 잘라준다. 아니 정확하게 표현하자면 고기를 결대로 찢어준다. 홍두깨살로 만든 장조림을 위에서 아래로 쭉쭉 가르면 살결이 그대로 살아나면서 부드러워지지만 근섬유질을 내리 썰 듯 자르면 질겨지는 원리를 그대로 적용한 것이다.

왼손의 헤라로는 덩어리를 지긋이 누르고, 오른손의 헤라로 안에서 바깥으로 밀듯이 고기를 찢어낸다. 가위로 자른 것보다 모양새는 좀 못하지만 식감은 기가 막힌다. 씹으면 촉촉한 육즙이 줄줄 흐른다. 고기장사로 1인당 3만 원이 넘는 객단가를 올리려면 이 정도의 수고로움은 감수해야 한다. 고기도 고기지만 싸구려 가위질이 아니어서 더욱 좋다.

두 번째는 된장밥과 깍두기 볶음밥이다. 된장찌개를 뚝배기에 따로 내지 않고 대접에 된장찌개 재료를 담아 와서 고기를 굽던 불판에 붓는다. 그리고 밥을 만다. 바글바글 끓기 시작하면 완성이다. 서비스

고기장사는 불과 불판,
그리고 고기의 가격에서
결판이 난다.

된장찌개와 공기밥으로는 1,000원밖에 못 받지만 훨씬 더 쉬운 방법
으로 그 세 배인 3,000원을 뜯어낸다. 깍두기 볶음밥도 대동소이하다.
가격은 세 배인데 만족도는 열 배이다. 장사는 이렇게 하는 거다. 돈
을 더 지불하면서도 손님이 감사한 마음을 갖게 만드는….

돼지고기를 대도식당이나 창고와 같은 무쇠 철판에 구웠다가는 난
리가 난다. 손님들이 옷에 기름이 튀었다고 세탁비를 요구하거나 경
찰에 신고를 할지도 모른다. 불판만으로 고기 맛을 살릴 수 있는 방
법이 있을까? 있다. 정답은 '해뜨는 집(구 명월집)'과 청주의 '봉용불고
기'에서 찾을 수 있다.

'해뜨는 집'은 독특한 영업방식으로 유명하다(이 집만으로 단행본 한 권
을 쓸 수 있기에 여기서는 불판만 다루도록 하겠다). 매주 월, 화, 수요일은 휴일
이고 목, 금, 토, 일요일만 영업을 하는데 하루에 한 테이블당 한 팀
만 받는다. 결국 미어져라 몰려오는 손님들 다 마다하고 딱 1회전만
목표로 하는 것이다.

전화예약을 안 받는 관계로 예약도 직접 찾아가서 해야만 한다. 저
녁에 먹고 싶으면 오전 11시경에 '제 발로 찾아가' 부탁을 해야 하는
것이다. 1인분에 2만 원하는 돼지고기를 먹기 위해 이 고생을 해야 하
는데 손님이 끊이질 않는다. 알다가도 모를 집이지만 한 가지 확실한
건 중독성이 있다는 사실이다.

숙성한 생고기를 깍둑썰기해 훤히 보이는 홀 한 켠에서 주인장이 초벌구이를 한다. 시간 예약을 했으니 많이 기다릴 필요는 없다. 이내 테이블로 고기 담은 대접을 가져오는데 불판이 예사롭지 않다. 두꺼운 사각 철판인데 정중앙에 볼록하게 반구형 둔덕이 있고 직화구이가 가능하도록 길죽하게 홈이 패여 있다. 가장자리에 평평한 공간이 있는 이유는 국물 있는 신김치를 굽기 위함이다.

센 불에서 화끈하게 초벌구이를 한 덕분에 속살은 촉촉하고 부드럽다. 깨물면 반동 없이 이가 쓰윽 고기 속을 파고든다. 이런 식감은 이 집 외에는 맛볼 수 없다. 덜 구우면 배릿하고, 바싹 구우면 딱딱해지는 게 돼지고기의 속성인데 상식을 산산이 깨어버렸다.

또 다른 비밀을 캐기 위해 청주로 핸들을 돌리자.

'시오야끼'(사실 잘못된 이름이다. '쇼유야끼'라고 해야 맞는 표현이다). 여기저기 이 이름을 카피한 고깃집들이 개점하고 있지만 원조는 분명 청주의 '시오야끼'다. 이곳에는 주방 직원들이 아주 좋아할 만한 엄청난(?) 불판이 있다. 이곳 불판이 특별한 것은 아니다. 한 귀퉁이에 구멍이 있어 밑에 간장 종지나 종이컵을 받치고 돼지기름을 받는 평범한 사각 삼겹살 구이판이다. 하지만 손님이 자리를 잡자마자 홀 직원이 달려와 구이판 위에 알루미늄 호일을 깔고 넓적한 붓으로 이리저리 각을 맞추는 것이 예술이다. 순식간에 벌어진 일이라 한 번 더 부탁하고 싶지만 이미 동그랗게 말린 냉동 삼겹살이 깔린 뒤다.

　냉동 삼겹살이 냉기가 가시면서 스르르 무너지기 시작하면 간장 소스를 한 공기 끼얹는다. 뭐랄까? 처음에는 분명 구이였는데…. 소스와 함께 바르르 한소끔 끓어오른다. 전골인가? 궁금증은 아주머니의 젓가락질과 함께 사라진다. 알루미늄 호일 위를 어림잡아 구멍을 뚫는데, 귀신 같이 딱 맞춘다. 고기에 간을 내준 소스와 삼겹살의 기름이 밑으로 졸졸 흐른다. 호일 위가 건건해지면 파 무침을 한 대접 올려 함께 볶는다. 구이에서 전골로, 전골에서 다시 구이로 변신하는 순간이다.

　파무침과 기름 빠진 삼겹살을 볶아낸 이곳의 진미를 아직 맛보지 못했다면 빨리 책을 접고 청주로 떠날지어다. 그곳에 바로 신천지가 있으니…. 상추에 쌈을 싸서 한 입, 하얀 공기밥 위에 그득 올려 한 입. 느끼하지 않은 탓일까? 불판 위의 고기가 흔적을 감추면 "여기, 한 판 더!"를 외치게 된다.

　호일의 네 귀를 쥐고 비틀어 내리누르면 야구공만 한 사이즈로 구겨진다. 편하다. 시간과 인력을 동시에 줄일 수 있는 귀한 노하우다. 다시 호일을 대고 붓질을 하는 것으로 두 번째 판이 시작된다. 같은 불판인데 이렇게 다른 질감의 고기를 만들다니. 장사의 신들에게 감사할 따름이다.

칼국수 장사는
절대
망하지 않는다

국민학교(한국어학회와 교육부에서 아무리 우겨도 난 초등학교를 다닌 적이 없기 때문에 늘 국민학교라고 표기한다.) 시절 우리 집은 난민수용소 같았다. 평안 북도 강계(한반도에서 눈이 가장 많이 내리기로 유명한 국경 지대) 출신인 아버지 와 탤런트 강부자 선생님과 고향이 같다는 사실을 아무도 묻지 않는 데도 늘 친절히 설명해주시던 어머니, '벗님들'의 리더 이치현이 좋다 고 집 나갈 뻔했던 여동생, 볼링을 유난히 잘 치던 바람둥이 넷째 삼 촌, 밴드 하겠다고 무작정 서울로 올라온 막내 삼촌, 그리고 부산 살 던 큰 이모의 3남매, 국민학교 졸업하고 돈 벌어보겠다고 식모살이하 던 네댓 살 위의 가정부 누나까지, 열 명이 한 집에서 살았으니 그야 말로 수용소가 따로 없었다.

'일요일은 짜파게티 먹는 날'이라 아무리 광고에서 우겨대도 우리
집은 칼국수였다. 그것도 아버지가 핸드메이드로 밀었던 수제 칼국수.
미리 좀 많이 사다놓으면 좋으련만, 일요일 늦은 아침의 밀가루 심부
름은 늘 내 몫이었다.

가을까지는 괜찮은데 찬바람이 부는 계절이 되면 하도 추워서 추
리닝 바지 속으로 두 팔을 팔꿈치까지 구겨 넣고 냅다 뛴다.

현관문을 여는 순간 들통에서 끓고 있는 멸치의 향이 차가운 내
몸을 감싸 안는다. 배릿한 양이 하도 진해서 쌉쌀하게 느껴진다.

열 명이 먹을 칼국수를 미는 담당은 늘 아버지였다. 워낙 몸이 덥
고 땀이 많은 분인지라 한겨울에도 '난닝구' 차림이셨다.

가장 밑바닥에 신문지를 깔고, 그 위에 밥상의 다리를 접어 도마
를 대신한다. 밀가루를 휘휘 흩날린 후 반죽한 덩어리를 올려 홍두깨
로 밀고 또 민다. 국민학교 6학년 때부터는 이 홍두깨를 소주 대병이
대체하게 되는데 그 사연인즉, 5학년 겨울방학 엉덩이에 홍두깨 찜질
을 당한 내가 가족들 모르게 연탄광에 숨겼기 때문이다.

피자 도우처럼 평평하고 넓적하게 반죽이 퍼지면 병풍을 접듯 말
아서 칼로 내리 썬다. 다시 밀가루를 면발 위에 뿌리고 공중으로 양
손을 이용해 뒤적이듯 흩날린다. 펄펄 끓는 들통에서는 토막 난 감자
와 팅팅 불은 멸치가 춤을 추고 난리다. 면을 집어넣고 젓가락으로 정

신없이 저어준다. 그래야 면이 통통해진다는 게 아버지의 칼국수 철학이다.

간은 왜 안 하느냐고? 아버지가 고춧가루와 간장을 잔뜩 넣어 제조한 양념장을 따로 넣어 먹는 것을 너~무나 사랑하셨기 때문이다. 칼국수를 먹는 의식은 여기서 끝나지 않는다. 마른 김을 살짝 구워 손바닥을 합장하듯 모은 뒤 부셔 넣어야 비로소 먹을 준비가 완성된다.

이 맛이 궁금한 분은 울산 신정시장 안에 있는 '경주칼국수'를 방문해보라. 어느 정도 가늠할 수 있을 것이다. 굳이 찾아가서 먹을 정도는 아니지만 지나는 길에 옛 생각하며 착한 칼국수 한 대접으로 포만감을 느끼고자 하는 분들에게는 강추하고 싶은 칼국숫집이다.

이외에도 유명한 칼국숫집은 참 많다. 종류가 다양한 만큼 인기도 식지 않는 모양이다. 소고기가 들어간 진한 육수를 자랑하는 '명동교자', 대통령도 중독시켜버린 '연희동칼국수', 칼국수도 칼국수지만 돼지 간으로 부친 전으로 탄탄한 고객을 확보하고 있는 '혜화칼국수', 맛은 기본이요 착한 가격과 푸짐한 해산물로 50년을 이어온 '찬양집', 추어탕에 칼국수를 접목한 '논뚜렁 추어칼국수', 한 대접 비우기도 전에 눈물 콧물 질질거리게 만드는 대전의 자존심 '공주분식', 창업 초기 때부터 사용했던 스테인리스 그릇을 인테리어 소품으로 활용하고 수육과 칼국수를 함께 내는 끝내주는 궁합 '신도칼국수', 도대체 어떻

게 이런 아이디어를 만들어 냈을까 늘 궁금한 문배동 '육칼', 설탕 대
신 소금을 넣어먹으면 131배는 맛있어질 텐데 하는 아쉬움이 있지만
도저히 끊을 수 없는 여수 도깨비시장의 '옛날죽집'… 나열만 하는 데
도 숨이 차오를 정도로 많은 칼국수 집들이 전국 곳곳에서 으르렁거
리고 있다.

사장님들은 좀체 밝히지 않지만 아는 사람은 다 아는 사실이 있다. 바
로 '칼국수 장사는 절대 망하지 않는다.'는 것이다. 씻지 않은 발로 음식을
하고, 밀가루 반죽에 침을 뱉고, 손님들에게 육두문자 써가면서 한 그릇에
2만 원씩 받는다면 모를까 정말 웬만해서는 문 닫지 않는 장사가 바로 칼
국숫집이다.

마진이 꽤 좋고, 많은 인력이 필요하지 않다. 할머니 혼자서도 예
닐곱 테이블 손님 정도는 거뜬하게 받을 수 있는 업종이 이것인데 소
문만 좀 나면 가게 앞에 장사진을 치게 할 수 있는 마법을 부린다. 데
뷔는 했지만 큰 주목을 받지 못한 신인 배우 하나가 내게 부탁을 해
정말 힘들어하시는 그의 어머님 식당을 컨설팅한 일이 있다. 그래서
난 칼국수의 원가를 누구보다 잘 안다.

연봉이 그리 세지 않은 직장인들이 많이 지나다니는 골목 안쪽에
위치하고 있어서 '4500원 닭칼국수'를 추천해드렸고 모자는 게으름
피우지 않고 열심히 칼국수를 삶았다. 첫날은 두 명의 손님이 왔고,

한 그릇에 2만 원씩 받는다면 모를까
정말 웬만해서는 문 닫지 않는 장사가
바로 칼국숫집이다.

이튿날에는 여섯 명, 한 달이 지나고 나자 30그릇은 너끈히 팔게 되었다고 감사의 인사를 전해왔다. 꽤 짭짤한 장사라고 한 근거를 좀 대보겠다.

- 삼계탕 속 영계보다 1.5배는 커 보이는 국내산 닭의 납품가는 4,000원 안팎
- 30인분 정도의 육수를 만들 수 있는데 필요한 닭 다섯 마리와 물 20리터는 2만 원 정도
- 가게에서 직접 면을 뽑으면 훨씬 싸겠지만 인건비가 더 들어갈지도 모르니 상급의 칼국수면 1인분에 600원
- 칼국수 집의 생명이라 할 수 있는 김치를 한 사람이 평균 200g 정도 먹는데, 10kg에 1만 5천 원 하는 중국산 김치를 쓰면 1인분 기준 300원

얼추 계산해 봐도 667원 + 600원 + 300원 = 1567원이 나오는데 세 배 장사한다고 치고 4,500원을 받아도 크게 무리가 없는 가격이다 (땀 흘리는 손님들이 쓰는 휴지, 화장실 물값, 가스비, 그릇과 수저의 감가상각비 등은 계산에 넣지 않았으니 시비 걸기 없음!)

일반적으로 닭칼국수의 가격 저항선이 7,000원이라고 판단하고, 혼자 다치기 싫으니까 대충 6,000원 정도에 판매가를 맞춰보자. 원래

가격이라는 것이 업주와 손님의 타협선을 말해주는데 그런 의미에서 칼국수는 훌륭한 아이템이다.

재미있는 사실 한 가지를 더 털어놓자면… 사골로 닭을 대체하면 8,000~9,000원, 바지락이나 홍합으로 닭을 대체하면 7,000원으로 저항선이 높아진다. 그만큼 비싸게 받을 수 있다는 것이다. 명심할지어다. 가게 문을 나서기 전까지는 손님의 지갑을 최대한 털어내야 한다는 사실을. 털어놓다 보니 궁금증이 하나 더 생기네.

'대한민국 최고의 닭칼국숫집'으로 평가 받고 있는 명동의 'ㅁ 칼국수'와 일산의 'ㅇ 칼국수'는 도대체 얼마나 벌고 있는 거야?'

착한 식당이
맛있는 식당은
아니다

착한 식당의 등장은 정말 참신했다. 식품 제조 공장과 외식업체를 향해 고발과 르포를 일삼던 〈이영돈의 먹거리 X파일 〉이 반전 있는 묘안을 찾은 것이 바로 '착한 식당' 코너다. 사실 착한 식당의 검증단에 속해 있으면서도 같은 시간에 방영되는 〈이영돈의 먹거리 X파일 〉코너는 그리 유쾌하지 않았다. 남을 비판하는 것이 체질에도 안 맞을 뿐더러 취재 대상이 영세업체들에 국한되어 있다는 점도 좀 그랬다. 시청률이 워낙 좋다 보니 프로그램이 지속되고는 있지만 매주 만나는 몰래카메라와 토악질이 나올 정도로 지저분한 식재료 관리 실태 영상은 늘 방송 시청 뒤 메스꺼움을 동반했다.

'이러다간 오래 못가지. 이러다간 끝내 못가지. 끝내 못가도 어쩔

수 없지~.'

방송말미에는 늘 박노해 시인의 '노동의 새벽'에 나오는 글귀가 뇌리를 스쳤다.

한데 〈이영돈의 먹거리 X파일 〉팀이 기가 막힌 아이디어를 짜냈다. 한 프로그램에서 당근과 채찍을 동시에 보여주는 묘수를 찾아낸 것이다. 이름 하여 '착한 식당'. 네이밍도 끝내준다. 지상파에서도 감당할 수 없었던 어려운 아이템을 종편에서 감행했고, 상대적으로 히트 프로그램이 적었던 채널A의 간판 프로그램으로 자리 잡는 데 성공했다. 고발 프로그램에 지친 시청자들은 두 손 들고 환영했고, 생방송 사수를 외치던 골수팬들은 채널을 고정하고 리모컨을 내던졌다.

하지만 정작 당사자인 제작진들과 검증단은 만성두통에 시달리기 시작했다. 색안경을 끼고 남을 비판하는 것보다 몇 배는 어려운 것이 완벽한 칭찬을 만들어내는 것이다. 게다가 깐깐하기로 소문난 이영돈 피디의 프로그램이니 현장을 뛰어야 하는 제작진들은 죽었다고 복창을 하고 업무를 개시했다. 피디와 작가의 피로감은 이만저만이 아니었다. 조금 착하다 싶으면 모조리 검증해야만 했고, 혹시 하루만 착한 것이 아닌가 경계의 눈초리를 게을리 할 수 없었다. 몰래카메라의 모든 기법들이 총동원되었고, 감추어진 주방의 진실을 캐내기 위해 위장취업도 서슴지 않았다. 정확한 정보를 제공하기 위한 노력은 언제나 눈물겨웠다. jtbc의 〈미각스캔들〉이라는 프로그램이 '빤스 벗고 달려도' 쫓아가지 못했던 이유가 바로 여기에 있다.

이미 만들어진 프로그램을 베끼기는 쉽다. 하지만 〈미각스캔들〉에는 개그의 소재가 될 정도로 유명해진 이영돈이라는 카리스마가 없었고, 게릴라처럼 기동력 있게 잠입해 들어가서 취재를 완성하고 돌아오는 '목숨을 건' 제작진도 부족했다. 벌어지는 격차를 줄이려다 보니 이미 검증한 착한 식당 흠집 내기에 급급한 악수를 두기도 했다.

흥분해서 이야기가 좀 샜다. 다시 돌아와서 과연 착한 식당의 기준은 무엇일까? 고민하던 제작진이 현장으로 이동하는 봉고차 안에서 내게 물은 적이 있다.

"선생님, 착한 식당의 기준이 뭘까요?" 곰곰이 생각하다 역으로 물었다.

"나쁜 식당은 뭐라고 생각하세요?"

"글쎄요…. 더럽고, 불친절하고, 쓰레기 같은 재료 쓰고…." 마무리는 내가 했다.

"맛없고, 비싸고…."

그리고 식재료 허위 표기도 당연히 넣어야 한다고 주장하며 한 곳의 예를 들었다. 도토리 요리 전문점 중 가장 돈을 많이 번다는 'ㄱ' 집은 카운터 앞에 버젓이 '우리는 100% 유기농 채소만 쓰고 MSG는 절대로 사용하지 않습니다.'라고 걸어놓고는 비양심적인 짓을 서슴지 않는다. 냉국수와 묵사발 국물에서 업소용 특유의 공장 내음이 폴폴 올라오는데도 방긋방긋 웃으며 손님들에게 거짓말을 하고 있다. 이를 아는지 모르는지 오늘도 손님들은 자기 돈 주고 찾아와 한 시간 넘게 기다리면서도 행복한 표정으로 지갑을 열고 돈을 건넨다. 아이고, 세상에!

상당한 시간을 들여 논의를 하고 내린 결론은 이랬다. 이걸 뒤집으면 착한 식당이 되지 않겠느냐고. 그래서 제작진과 검증단에게는 기준이 생겼다.

1. 맛있고
2. 가격 착하고
3. 친절하고
4. 위생적이고
5. 원산지를 속이지 않는 질 좋은 재료를 쓰는 곳

그런 곳이 바로 착한 식당이 되는 순간이었다. 이런 반듯한 기준과 잣대를 가지고 검증한 곳이 '메밀국수' 편이었다. 원래는 13분 꼭지라고 들었는데 윗선에서 만족스러웠는지 통으로 방송이 되었고 몰려든 시청자들 덕분에(?) 가게는 엉망이 되고 말았다. 이 식당을 추천한 장본인으로서 이 지면을 빌어 주인 어르신께 사과를 드리고 싶다.

아무튼 착한 식당은 먹을거리에 있어서만큼은 대한민국 최고의 권위를 갖게 되었다. 그러나 착한 식당도 풀어야 할 숙제가 한 가지 있다. **모든 착한 식당이 최고로 맛있는 건 아니라는 사실이다.**

이건 별개의 문제다. 맛있다는 건 여러 가지 기준 중 하나다. 그러니 맛만 가지고 평가를 한다면 결과는 달라질지도 모를 일이다. '가격'은 평균 판매금액을 기준으로 비교가 가능하니 '싸다, 비싸다'를 구분할 수 있다. 그러나 MSG는 절대 미각을 가졌다고 자신하는 전문 검증단들이 사용 여부를 가릴 수 있다고 해도 '맛'이 있고 없고는 참으로 분간하기 어렵다. 말 그대로 착한 식당은 식당이 상대적으로 착하다는 거지 '맛있는 식당'과 등식이 성립하지는 않는다.

두어 달 전 착한 식당으로 선정된 분당의 콩국숫집 사계진미는 엄격히 말해 안전하고 착한 먹을거리일지는 모르겠으나 대한민국 최고의 맛인지는 확실치 않다. 그래도 손님들이 몰리는 이유는 착한 식당이니 내 몸에 그리고 가족의 건강에 도움이 되겠지 하는 플라시보 효과도 있는 것이다. 아직까지 임상실험을 거치지 않은 탓에 100% 국내산 콩으로 만든 콩국수가 중국산 콩으로 만든 콩국수보다 얼마나 어떻게 좋은지는 규명된 바도 없다.

그래도 내 눈으로 직접 확인할 수 없는 까다로운 검증을 방송국이 대신해주니 이 얼마나 편하고 행복한 세상인가! 단언컨대, 사계진미의 재료와 가격, 그리고 친절은 거의 만점에 가깝다. 100% 국산 콩을 사용하면서도 7,000원이라는 가격을 고수하다 보니 소문이 나고 번호표를 나누어줘야 할 정도로 손님이 몰린다. 만약 가격이 1만 2,000원 정도였다면 이 정도로 파급효과가 컸을까? 분명 제작진의 까칠하고도 촘촘한 거름망에 걸러졌을 것이다.

맛은 주관적이라는 말을 많이 한다. 모두의 입맛이 다르다는 데서 나온 견해인데 맞는 말이지만 차라리 상대적이라는 표현을 쓰는 것이 맞다고 생각한다. 같은 맛이라면 품질 좋은 재료를 사용하고, 더 친절하고, 더 깨끗하고, 더 싸다면 가게 문 걸어 잠그고 오지 말라고 고사를 지내도 손님들은 찾아올 것이다.

착한 식당은 장사의 노하우를 설명하는 것이 아니라 장사꾼의 마음가짐, 즉 장사의 철학을 말하는 것이다. 아직도 콘셉트를 잡지 못하고 헤매고 있다고? 그럼 착한 식당의 기준을 따라보면 어떨까? 대신 맛에 좀 더 힘을 주고. 자~ 힌트를 다 얻었다면 정신 바짝 차리고 본격적으로 착한 식당 취재진을 맞이할 준비를 해보자.

다만 착한 식당이 성공을 보장하지는 않는다. 나쁜 식당인데 떼돈을 버는 곳도 얼마든지 있다. 방송 프로그램에 출연하기 위해 이런 기준을 만들라는 것이 아니라 최소한 처자식에게만큼은 당당한 식당을 만들어야 심적으로 보상 받을 수 있지 않을까 하는 생각이 든다.

대한민국 최고의 외식의 달인이라며 토크쇼에 초대 받는 이들 중에 과연 얼마나 많은 사람이 자신의 식당에서 판매하는 음식을 유치원생 자녀에게 먹일 수 있을까? 노하우를 전수한답시고 브라운관에서 이런저런 훈수를 두며 잘난 체를 하지만 하루 세 끼 가족들에게 이 음식을 먹이겠다고 하면 악다구니 쓰며 고소한다고 방방 뜰 위선자들이 생각보다 많다.

소비자들이 착한 식당을 찾는 건 어찌 보면 양심을 갈구하는 건지도 모르겠다.

위생을 최우선으로 생각하는 식당에서, 건강한 재료를 가지고, 정성껏 요리한 음식을, 저렴한 가격에 내면서도, 귀한 손님 접대하듯 깍듯하고 친절하게 대하는 바로 그런 양심!

이 나라가 얼마나 비양심적이고 안 착하면 '착한 식당'이라는 코너가 다 생기겠는가? 착한 식당이 주는 교훈은 여기까지다.

MSG
'팍팍' 쳐 넣으란
말이야!

전수창업 강좌의 강사들이 자주하는 말이 있다.

"양심껏 천연조미료 만들어서 음식에 뿌리면 손님들이 뭐라는지 아세요? 에이 싱거워. 2% 부족하구만. 재료 아끼느라고 양껏 안 쓰니까 맛이 이렇게 심심하지. 뭐 믿고 장사하세요?"

그래서 업계에서는 이런 불문율이 돈다.

'식당음식은 무조건 달고 짭짤해야 돼!'

기름 좔좔 흐르게 밥할 때 식용유도 좀 치고, 고춧가루, 다진 마늘, 미원 아끼지 말고 훌훌 뿌려서 무쳐야 콩나물도 맛있다는 소리

들고, 미리 육수 낼 필요 없이 소고기 다시다와 조개 다시다 그리고
미원의 3총사를 잘 배합해서 끓여야 동태찌개도 얼큰하니 딱 내 스
타일이라는 감탄사를 들을 수 있다. 아차차 단골손님인데 계란프라
이라도 한 접시 낼라치면 여기도 눈곱만큼 조미료를 살포해줘야 역
시 계란 부치는 솜씨도 최고라는 찬사를 받을 수 있다. 고기는 또 어
떠한가? 생등심 사다가 접시 위에 가지런히 펴놓고 반 꼬집 정도의
미원을 뿌린 뒤 냉장고에서 1~2시간 숙성 (녹이면) 시켜야 혀에 착착
감는 감칠맛이 별미라면서 동네 사람들을 다 끌고 온다. 나는 이렇게
배웠다. 아니나 다를까 집에 돌아와 테스트를 해보는데 마냥 심심하
기만 했던 김치찌개며 볶음밥, 프라이, 등심이 전문점의 진미를 고스
란히 드러낸다.

　냉면은 아예 이야기가 이렇게 시작된다. 원래는 국수라 불리던 음
식이 타향살이를 하며 평양이라는 수식어도 붙고 냉면으로 개명을 당
한다. 전쟁 전까지 이북의 국수를 접하지 못했던 남한 촌사람들에게
냉면은 충격적인 맛이었다. 열무김치나 동치미에 말아 먹는 것이 고
작이었던 물국수와는 차원이 다른 맛이 입맛을 사로잡기 시작했는데,
다 월남한 아낙들의 솜씨 덕분이었다. 땡전 한 푼 없이 피란 온 이북
출신들은 남산 밑과 흑석동 등지에 판자촌을 꾸리며 육체노동으로 삶
을 연명했다. 내 할아버지와 아버지도 이 판자촌 출신이다. 남산의 나

무를 베어다가 숯을 만들어 사대문을 돌았고, 눈치 좋은 어르신들은 미군부대 근처 PX를 어슬렁거리다 뒤로 빼낸 전투식량이며 소시지 햄 등을 남대문에서 팔기 시작했다. 식구는 많고 벌이는 시원치 않고, 결국 아내들이 할 수 있는 밥벌이가 좌판이었다. 이북에서 배운 솜씨로 국수를 만들어 팔기 시작했는데 이게 가계를 유지하는 데 효자노릇을 톡톡히 했다. 그런데 아쉽게도 평양에서 먹던 그 맛을 그대로 재현하는 데 딱 한 가지 조달이 불가능한 식재료가 있었으니 그것이 바로 '아지노모토'였다. 1908년 일본에서 상품화하기 시작한 조미료가 이 땅에 상륙한 건 바로 이듬해. 치장할 줄 모르고 순하디 순했던 조선의 음식들은 아지노모토의 살포를 피할 수 없었다. 엄지와 검지로 꼬집듯 집을 정도의 양만 넣어도 육고기며 바닷고기 그리고 산과 들의 푸성귀들이 스포이드로 짜내듯 향취를 토해냈다. 혁명적인 맛이었다고 내 아버지는 기억한다. 그저 멸치 몇 마리 집어넣고 끓여 먹던 제물국수에서는 살짝 헤엄친 듯한 비린내만 났었는데 아지노모토를 넣으면 진지한 감칠맛이 돌았다고 했다. 한반도의 거의 모든 음식은 이 폭발적인 일본 조미료의 포위망에 갇혀 버리고 말았다. 가장 앞장선 곳이 냉면집과 요리집. 처음 맛보는 경이로움에 요리 한 점, 술 한 잔을 돌리며 밤이 새는 줄도 몰랐다고 한다.

그러니 어쩌면 5~60년 전의 그 맛 그대로라고 추억하는 이들이 기억하고, 간직하고 있는 맛은 조미료일 가능성이 아주 높다. 그래서 나는 MSG에 대한 터부가 별로 없고 냉면이며 족발 그리고 곰탕으로 이어지는 역사적 음식라인이 전혀 거북스럽지 않다. 족을 삶아본 분들이라면 아시리라. 소주도 넣고 된장 혹은 커피까지 집어넣어 잡내를 잡는다지만 이렇게 삶아서는 절대로 진득한 고소함을 살릴 수 없다. 꼬소롬한 맛과 향을 끌어내기 위해서는 미원이 필요하다. 사람 입맛이 얼마나 간사한지 아는가? 후발주자인 미풍이 천사인형을 선물로 준다며 매일같이 텔레비전 광고를 때려대도 미원에 길들여진 입맛은 쉽게 옮겨가질 않았다. 같은 MSG인데 왜 미풍은 미원만큼 팔리지 않았을까? 대답은 간단하다. 조미료의 맛은 미원이라고 각인되어 있는 사람들이 아주 많았던 덕분이다.

다시 냉면 이야기! 한번은 냉면 가격이 매년 살벌하게 오르는 것을 보고 분개한 나머지(매일 먹고 싶은 데 가격이 만만치 않으니까) 직접 냉면 만들기를 몇 차례 시도해본 적이 있다. 양지와 사태를 넣고 삶다가 소금 약간 그리고 미원을 넣으니 맛이 삼삼해지면서 감칠맛이 돌았다. 어라 어려서부터 노포에서 먹던 그 맛을 어찌 이리 간단히 낼 수 있단 말인가? 이래서 모두가 백년 가까이 사랑해온 것이 아닐까? MSG가 쓰이지 않는 곳은 없다. 심지어 유명 호텔의 이탈리안 레스토랑 파스타 레시피에도 조미료가 들어가고, 일식집에서 조림용 맛간장으로 쓰이는 제품에도 들어 있고, 심지어 포카리스웨트에도 들어간다!

그렇다고 이렇게 합리화시켜놓았으니 김유진의 말만 듣고 맹물에 조미료만 넣어서 사기치라는 소리가 아니다. 설렁탕에 사골 넣고, 삼계탕에 영계 넣고, 해물탕에 새우, 조개 넣어 최대한 기본은 지키되 '그' 유명한 식당들의 맛이 죽어도 흉내 내고 싶다면 얄밉게 넣으라는 말이다. 조미료를 쓰는 것이 분명 불법은 아니지만 가게 앞에 큼직하게 '저희 가게는 MSG로 맛을 냅니다' 라고 쓸 자신은 없지 않은가! 최소한의 양심이라도 지키고 싶다면 주방에 아주 작은 글씨로 적어놓자.

'자식에게 먹일 수 있을 만큼만 넣자!'

원산지 표기로
신뢰감 올리기

1. 수입농산물

대외무역법 제23조제1항에 의하여 산업자원부장관이 공고한 품목

2. 국산 농산물

• 농산물의 범위 : 육안으로 원형을 알아볼 수 있도록 절단, 압착, 박피, 건조, 흡습, 가열, 혼합 등의 처리를 한 경우를 포함한다.

• 대상품목

곡류 쌀(현미 포함), 보리, 밀, 옥수수, 팝콘용옥수수, 조, 수수, 기장, 메밀, 율무

두류 콩, 팥, 녹두, 강낭콩, 동부, 완두

서류 감자, 고구마

채유종실 땅콩, 참깨(검정참깨 포함), 들깨

채소류 건고추, 건조호박, 고구마줄기(생줄기제외), 당근, 더덕, 도라지, 마늘, 멜론, 무말랭이, 생강, 양파, 연근, 우엉, 토란줄기

약재류 갈근, 감초, 강활, 건강, 결명자, 고본, 구기자, 금은화, 길경, 당귀, 독활, 두충, 만삼, 맥문동, 모과, 목단, 반하, 방풍, 복령, 복분자, 백지, 백출, 비자, 사삼(더덕), 산수유, 산약, 산조인, 산초, 소엽, 소자, 시호, 오가피, 오미자, 오배자, 우슬, 황정(둥굴레), 음양곽, 익모초, 작약, 진피, 지모, 지황, 차전자, 창출, 천궁, 천마, 치자, 치커리(뿌리), 택사, 패모, 하수오, 행인, 향부자, 현삼, 형개, 홍화씨, 황기, 황백, 황금, 후박

과실류 사과, 배, 단감, 감귤류, 감, 살구, 매실, 참다래, 파인애플, 앵두, 무화과, 유자, 버찌, 포도, 대추

버섯류 영지버섯, 팽이버섯, 목이버섯, 석이버섯, 운지버섯, 송이버섯, 표고버섯, 양송이버섯, 느타리버섯

견과류 호도, 잣, 밤, 은행

인삼류 수삼

산채류 고사리, 취나물, 고비, 두릅, 죽순

육류 쇠고기, 돼지고기, 닭고기, 산양고기, 오리고기, 사슴고기, 토끼고기, 우족, 쇠꼬리, 쇠곱창, 돈족

기타 천연꿀, 녹용, 녹각, 곶감, 건조누에

사업장에서는 위의 기준에 따라 사용하는 식재료의 원산지를 국내산과 수입산으로 나누어 표기하고 있다. 기준이 얼마나 엄격한지

표기하는 글자의 사이즈까지 지정하고 있다. 매장 내에 붙이고, 메뉴판에 적고, 이제는 가게 앞 쇼윈도에도 표기하는 것이 원칙이다. 대부분의 경우 원산지를 국가명으로 표기하는데 몇몇 업장에서는 이를 십분 활용하고 있어 소개하고자 한다. 선입견이 있는 단어의 사용을 최대한 자제하고 뭔가 긍정적인 수식어를 붙여 자신의 메뉴를 미화하는 것이다. 식당을 운영하고 있다면 얼마나 깜찍한(?) 아이디어인지 당장 눈치챌 수 있을 것이다.

아귀 (미국산) 대신

'저희 업소에서는 미국 최고의 청정해역인 알라스카산 아귀만 사용합니다.'

김치 (국내산) 대신

'매일 담그는 김치의 재료 중 배추는 해남, 고춧가루는 영양, 마늘은 의성, 소금은 신안 증도, 새우젓은 광천에서 가져옵니다.'

주꾸미 (베트남산) 대신

'불주꾸미는 베트남 하롱베이 지역의 주꾸미로 만듭니다.'

김치 (중국산) 대신

'중국대륙 하남성의 성도, 정주시의 공장에서 정성껏 만든 김치입니다.'

잔머리라 치부하지 말자. 내 재료를 소중히 다루는 장사꾼이 손님도 왕으로 모시는 법. 매일 아침 김치 브랜드의 배달 차량이 정차를 하고, 박스로 김치를 주방으로 옮기는데도 '주방에서 직접 김치를 담급니다.'라고 적어놓은 유명 맛집보다는 양심적이지 않은가!

PART 3

상권이 없다면
당신의 상권을
만들어라

골목길에서 찾는 대박 아이템 선정법

첫째도,
둘째도
'복덕방'부터
구워 삶아라

장사를 좀 아는 이들이나 외식업 컨설팅을 하는 모든 이들이 입을 모아 강조하는 말이 있다. '부동산 중개업소와 친해지라'는 것. YG엔터테인먼트의 양현석 대표도 SBS 〈힐링캠프〉에 나와 부동산 업소와 친해진 덕분에 지금의 부를 축적할 수 있었다고 하지 않았던가!

친해진다는 건 무슨 의미일까? 서로 대화를 많이 나누고 정보도 교류하고 기왕이면 좋은 매물이 나왔을 때 다른 사람이 아닌 나에게 먼저 알려줘서 투자 대비 수익을 극대화하고 서로 '윈-윈' 한다는 말이다. 잘 아는 사이인 만큼 실컷 장사를 하고 권리금을 올린 뒤 빠질 때도 큰돈을 지불해줄 손님을 모셔올 것이다. 그러면 중개업자는 크게 복비를 챙길 수 있어 좋고, 가게 주인은 좀 더 큰 규모의 부동산으로 옮겨 탈 수 있어 좋으니 말이다. 아무튼 이래저래 좋아지는 관계를 '친하다'고 규정할 수 있다.

그럼 부동산 업자와 건물주가 친하다는 건 또 어떤 의미일까? 일단 물건을 보유하고 있는 건물주가 무조건 '갑'이다. 물론 IMF 때처럼 부동산 가격이 폭락하는 시기에는 좀 다를 수 있겠지만, 아직까지 한국 사회에서 건물주는 슈퍼 '갑'에 속한다.

순전히 건물주 입장에서 부동산 업자를 바라보면 부동산 가치의 5% 정도를 임대료로 책정해도 눈치껏 알아서 잽싸게 임차인을 불러오는 중개업자를 좋아한다. 이때 건물주는 친분 관계를 절대 앞세우지 않는다. 그저 주변에 있는 여러 부동산 업자 중 제일 먼저 '자신이 책정한 임대료를 지불할 사업자'를 데려와 계약서에 도장을 찍게 만드는 선수를 좋아할 따름이다.

우리 사회를 너무 색안경 끼고 보는 것은 아니냐고? 자신의 수익은 고려하지 않고 순전히 임대인과 임차인을 위해 밤을 꼬박 새우며 걱정해주는 부동산 사장님이 있다면 소개를 좀 해주시라. 신문이며 잡지에 '올해의 부동산인'으로 추대해 부와 명예를 동시에 선사해드릴 테니.

건물주가 가장 크게 우려하는 것은 임차인이 과연 임대료를 밀리지 않고 제때에 꼬박꼬박 내줄 것이냐 하는 점이다. 장사가 안 된다는 이유로 한 달 두 달 연체하기 시작하면 은근 부아가 치밀어 오르기 마련이다. 이 경우 어떤 건물주는 소개를 한 부동산 업자에게 전화를 걸어 다시는 당신과 거래를 하지 않겠노라, 엄포를 놓기도 한다. 당연히 계약을 체결하고 빌려 쓰는 부동산이니 임대료 지불이 늦어지는 것은 사실 계약 위반에 속한다. 하지만 다행스럽게도 대부분의 건물주는 이 점에서만큼은 좀 관대한 편이다. '불경기는 불경기인 모양이네. 건물 앞에 오가는 사람도 적고!' 하며 이해하는 이도 많다.

일단 안심할 수 있는 최고의 무기는 바로 보증금이다. 보증금 한도 내에서는 어쨌든 임대료를 확보한 셈이니 방정맞게 일희일비하지 않는다. 대신 복수의 칼을 갈지도 모를 일이다. 내가 너랑 다시 거래를 하면 성을 간다고.

한 번이라도 임대를 줘본 분들은 이해하겠지만 부동산 소유주는 자신의 건물이나 부동산의 가치가 떨어지는 것을 징그럽게 싫어한다. 그래서 못질도 못하게 하고, 불법 시설물이 들어서는 것도 경계한다. 이런 탓에 임대인과 임차인은 늘 팽팽한 긴장 관계를 유지한다. 임대차보호법이라는 것이 있어 세입자들의 권익이 그나마 보호되고 있다지만 악덕 건물주라도 만나게 되는 날이면 팬티 한 장만 겨우 건져 빠져나올지도 모를 일이다. 주변에 왜 이리 건물주한테 쫓겨나온 사람들이 많은지, 원!

피땀 흘려 가게를 운영해 손님들이 줄을 서면 당연히 부동산 가치가 상승한다. 건물주도 인간인지라 왜 욕심이 나지 않겠는가? 대충 봐도 하루에 500만 원은 거뜬하게 매출을 올리는 거 같다면? 그것도 자신의 건물에서! 충분히 부러울 만하다.

게다가 자식들이라도 번듯하게 자라주었으면 좋으련만, 드라마 속 주인공들처럼 자식들 중 한둘은 꼭 부모 속을 썩이고 변변히 자기 앞가림을 못하는 경우가 종종 있다. '이렇게 잘 되는 가게 하나 남겨주고 싶은데… 그래야 내가 눈을 감겠는데….' 그래서 내쫓는 거지, 타고난 성품이 악마 같아서 당신을 몰아내는 것은 아니다.

입장을 바꿔 생각해보면 아주 쉬워진다. 어렵게 찾아와서 임대료 좀 깎아달라고 부탁하던 사람이 불과 2년도 지나지 않아 TV 프로그램에 출연하질 않나, 매일 손님들이 가게 앞에 줄을 서는 바람에 주변에서 하루가 멀다 하고 민원이 들어오니….

다 찌그러진 봉고 타던 친구가 그랜저로 바꾸면 당신 배는 아프지 않겠는가. 표현이 좀 심하다 싶겠지만 어쩌겠는가, 이것이 현실인 것을. 그래서 배 아프면 건물 사라는 말이 있는 거다.

이런 슈퍼 '갑' 앞에서 부동산 중개업자가 내 편을 들겠는가? 아니면 건물주의 편을 들겠는가? 여러분은 이제 처음 거래를 트는 것이지만 이미 몇 년 간 건물주와 끈끈한 네트워크를 만들어놓은 부동산 중개업소의 결정은 불을 보듯 뻔하다(물론 다 그렇다는 소리는 아니다. 이 글을 읽고 발끈한다면 착한 중개업소임에 틀림없다).

건물주도 고스톱 쳐서 건물 딴 게 아니다. 지금이야 번듯하게 고급 승용차 끌고 와 척하니 세금계산서 내주는 입장이지만 그들이 부자가 된 데에는 분명한 이유가 있고, 당신만큼이나 피눈물 흘렸다는 점은 반드시 이해해야 한다. 그렇기 때문에 임대인과 부동산 중개업자 그리고 임차인의 삼각관계에 대해서 분석해야 하는 것이다. 부동산 중개업자는 절대 임차인 편이 될 수 없으니까. 그래서 요점이 뭐냐고? 슬슬 시작해보도록 하자.

우리는 이 삼각관계에서 약한 고리를 찾아내야 한다. 무슨 이야기인고 하니, 과연 건물주가 당신이 찾아간 부동산 업자에게만 거래를 부탁했겠느냐는 거다. 내가 20년간 만난 부동산 업자들은 모두가 한결같은 대답을 했다. 그런 건물주는 없다고. 서너 개에서 많게는 대여섯 개의 중개업소에 물건을 내놓거나, 아니면 물건을 내놓을 의사가 없느냐는 질문에 암묵적으로 긍정의 표시를 비친다.

주변의 중개업자들은 촉을 세우고 임차인을 찾아 나선다. 그때 마침 당신이 나타났는데 상권에 대해서도 전문 지식이 있고, 벌써 예닐곱 군데의 중개업소를 방문해 정보를 빼낼 대로 빼낸 상태라면 이야기가 좀 달라진다. 이때부터 보이지 않는 무선 상의 전쟁이 일어나는

것이다. 최대한 건물주의 구미를 맞추면서 거래 성사를 위해 당신을
예쁘게(?) 포장한다. 누가 시키지 않은 일인데도 말이다.

돈이 정말 없어 보이는 임차인을 설명할 때,
"정말 성실한 부부가 오셨는데… 앞으로 건물 관리는 걱정 안하셔
도 되겠어요."
근사하게 빼 입은 정장 차림의 신사라면,
"원래 사업을 크게 하시던 분이세요. 자녀분들 대신 알아보고 계
신 거랍니다."
아주 어린 친구들의 경우,
"젊은 친구들이 인생 공부해보고 싶다고 알아보고 다닌다네요."

대략적인 통화는 여기까지다. 건물주와의 친분을 과시하기 위한
경우도 있고, 어떻게 해서든 거래를 성사시키기 위해 간 쓸개 다 빼
놓는 경우도 있다. 보통 피곤한 일이 아니다. 일면식도 없는 여러분
과 건물주를 연결시키기 위해 자존심 버려가며 애를 쓰는 것도 알고
보면 다 돈 때문이고, 그들의 장사를 위해서다.
그렇다면 마지막으로 임차인은 삼각관계인 중개업자를 위해 무엇
을 할 수 있는가. 여럿이 달려와 하나의 물건에 집중한다면 분명 중
개업자도 임차인에게는 '갑'이 될 수 있다. 이런 조언을 하고 싶다. 자

주 찾아가 만나서 상담도 하고, 피로회복에 최고라는 박카스도 좀 사들고 가고, 영업 끝나면 소주라도 한잔하자고 청해보라. 백이면 구십은 긍정적으로 반응할 것이다.

　중개업자와 친해져서 나쁠 일은 단 한 가지도 없다는 사실을 알았으면한다. 군침 흘리고 바라보던 업장보다 조건 좋고 성장 가능성도 높은 진흙속의 진주를 보여줄지도 모른다. 가장 중요한 건 신뢰를 쌓는 일인데, 그에합당한 보답이나 사례가 보장된다면 중개업자는 당신의 훌륭한 파트너가될 수 있다. 복비를 덜 주면 문제가 되겠지만 더 준다고 화내는 경우는없으니 두둑한 보너스를 약속하고 반드시 지켜라. 이 세상에 금전적인 보상만큼 달디 단 사례는 없다.

　계약 후에도 관계의 끈을 놓지 말고 두어 달에 한 번 정도는 찾아가 감사 표시를 해보라. 제아무리 뛰어난 부동산 신동이라고 해도 매일매일 달라지는 현장의 목소리를 전부 듣기는 어려운 법. 최근의 트렌드도 물어보고, 가장 잘되는 업장의 노하우도 좀 알려달라고 애교를 부려보자. 이미 한 차례 거래가 성사되었고, 약속도 지켰으니 이제는 여러분이 '갑'이 될 차례다(이 알다가도 모를 게임의 마지막 승자는 부동산 중개업자일 가능성이 크다. 건물주는 물론이고 간절한 당신의 상태를 파악하고 있는 것도 그이기 때문에.)

상권을
분석하시겠다고요?

　　장사를 처음 시작하려는 사람들이 아이템 다음으로 오래 고민하는 것이 상권이다. 과연 어느 곳에 뿌리를 내려야 돈도 벌고 행복해질 수 있을까 심혈을 기울여 공부한다. 적을 알고 나를 알면 백전불태라 하지 않는가! 굳이 기획안까지는 쓰지 않더라도 오픈하고자 하는 상권에 대해서 정보가 많으면 많을수록 도움이 된다. 온 가족이 '이 잡듯' 골목골목을 뒤진다 해도 비과학적일 가능성이 높다. 유동인구는 어느 정도 되는지, 주변 상권에 내가 계획하는 업종과 겹치는 업소는 몇 군데나 되는지, 주 소비층의 연령대는 어느 정도인지, 개인이 조사하기에는 엄두가 나지 않는 작업이다.

상권 분석을 하는 데 있어서 가장 빠르고 효과적인 방법은 훌륭한 코치를 만나는 것인데, 이게 만만치 않다. 비용도 많이 들고, 의뢰한 컨설턴트가 제대로 된 정보를 확보하고 있는 실력자인지도 가늠하기 어렵다. 인력과 시간을 많이 투자한 창업연구소들이 아무래도 유리하겠지만, 난 종종 그런 생각을 한다. 일면식도 없었던 고객에게 강력하게 추천할 정도로 성공 가능성이 높은 상권과 업종이 보인다면 왜 직접 사업을 하지 않는 것일까? 암시하는 바가 크니 판단은 독자들의 몫으로 돌리겠다.

그렇다면 크게 비용을 들이지 않고도 상권분석에 대한 자료를 얻을 수 있는 곳은 어디일까? 일단은 참고를 목적으로 하는 것이니 창업연구소의 자료를 신중하게 검토하고, 경제신문사의 온라인 사이트나 기업의 경제연구소 등에서 제공하는 자료들을 긁어모아 비교 분석하면서 옥석을 가리도록 하자. 똑같은 상권을 분석했는데도 보는 관점이 달라 상당한 차이를 보이는 자료들도 있으니 출력을 해서 벽에 걸어놓고 형광펜이나 빨간펜으로 비교하면서 체크해보는 것이 중요하다. 그저 읽어 내려가기만 했다가는 정말 중요한 정보들을 놓칠 수 있으니 이런 방식으로라도 입체적으로 자료를 비교 분석하자는 것이다. 창업을 하는 데 있어서 가장 중요한 것이 비용을 절감하는 것이라 누차 언급했으니 공짜로 얻을 수 있는 자료들에 집중해보자. 100% 믿고 따르라는 것은 아니지만 추천하고 싶은 사이트가 하나 있다.

〈중소기업청 상권정보시스템〉 sg.smba.go.kr

　　중소기업청 '상권정보시스템'. 소상공인 지원사업의 일환으로 소상공인 진흥원에서 제공하는 서비스다. 회원가입 과정을 마치고 로그인하면 분석하고자 하는 상권 내 정보를 쏟아낸다. 부동산과 협상 중인 매장의 주소를 입력하면 한눈에 유동인구의 흐름을 볼 수 있다. 이것만이 아니다. 전국의 주요지역 상권에 대한 분석자료와 업종별 밀집정보를 얻을 수 있다. 전국 주요 600개 상권의 유래 및 개괄, 범위, 특성, 점포 평균 임대시세, 유동인구 현황, 상권 내 개발 계획, 교통현황, 업종현황, 주요시설 및 집객시설에 대한 정보를 얻을 수 있다.(이 지면을 빌어 소상공인 진흥원 관계자 분들에게 감사의 인사를 전하고 싶다. 유동인구의 흐름을 색으로 표현하여 디테일하게 묘사해놓은 노력 등은 정말 감사하게 생각한다. 부탁이 하나 있다면 좀 더 홍보를 해서 보다 많은 소상공인들이 이 소중한 자료를 접할 수 있었으면 하는 바람이다.) 방대한 자료를 갖추고 있고 세심하게 땀을 흘린 흔적이 사이트 곳곳에서 발견된다.

스마트폰에서도 '상권정보앱'을 다운로드 받으면 소중한 자료를 손바닥에 넣고 다닐 수 있으니 이 점도 주지하시길. 단 매일 업데이트 되는 것이 아니다 보니 당장에 계약을 하고 개업해야 하는 경우라면 기본 자료로만 활용하시고 직접 눈으로 발로 확인하시기 바란다. 또한 '신사업 아이디어 블로그http://blog.naver.com/newbizidea'도 참고할 만하다. 해외의 최신 정보들을 제공하고 있으니 지적 호기심이 많으신 분이라면 반드시 보물을 건질 것이다.

그러면 감사의 마음은 이쯤 하고, 이제 솔직한 얘기 좀 꺼내보자. 재미있는 사실은 이 시스템을 사용하지도 않았고, 또 사용할 줄도 모르는 사람 중에 장사의 신이 된 사람도 많다는 것이다. 상권분석 자료만 믿고 '내가 계약하고자 하는 지역에 "돼지족발 불갈비"라는 동종 업종이 없으니 개업하면 무조건 성공하겠구나!' 판단하는 것은 참으로 위험한 발상이다. 상권 내에 내가 희망하는 업종의 수가 없거나 적다는 것은 어찌 보면 그 아이템이 먹히지 않는 상권일 수도 있다는 사실을 반증하는 중요한 자료가 될 수 있다! 역세권도 아니고 버스 정류장도 없는 외진 곳에서도 성공 신화를 만들어내고 있는 사업주들을 보면 과연 상권분석이 무슨 의미가 있나 싶을 정도로 궁금증이 생긴다. 오히려 좋은 조건으로 나온 부동산 매물을 집중적으로 분석하는 것이 더 효율적일 수 있다. 자 그렇다면 집중적으로 분석하는 실질적 노하우를 공개하도록 하겠다. 미치도록 성공하고 싶다면 반드시 실행하도록 하자.

1. 한 주간 매일 16시간씩 관찰

평일과 주말의 소비패턴이 다르듯 평일 중에서도 월요일, 화요일, 수요일, 목요일, 금요일의 매출 그래프는 다른 곡선을 보이는 경우가 많다. 시간이 있다면 한 달 정도 시도해보는 것이 좋겠으나 1주일 정도만 지켜봐도 어느 정도는 감이 잡힌다. 매일 오전 10시부터 새벽 4시까지(단란주점이나 룸살롱이 있는 경우) 도심 트레킹하듯 돌다 보면 식자재 배달 차량들과 마주치게 된다. 일단 번호를 적어놓고, 어떤 재료들을 얼마나 내려놓는지 관심 있게 지켜보자. 수상하게 여긴 배달 기사가 째려보면 "수고하십니다. 근처에 오픈하려고 하는데 식자재 공급할 분을 아직 못 만나서요." 말이 끝나기도 전에 그 기사 분은 명함을 건넬 것이다. 업소에 식자재를 대기 위한 경쟁이 얼마나 심한지 아는가?

최대한 많은 정보를 얻기 위한 첩보활동이니 많이 물어라. 점심시간이 12시부터라고 생각하는데 분명 오산이다. 인기 있는 집들은 11시 반이면 벌써 손님들이 몰려온다. 이런 집들의 메뉴를 적어놓고, 혹시 점심 스페셜 메뉴가 따로 있는지도 체크하라. 반경 200~300m를 도는 데 20분 정도 잡고 서너 바퀴 정도 돌다 보면 슬슬 상권이 보인다. 어라! 이 집은 볼품도 없는데 왜 이리 사람들이 꼬이지? 여긴 인테리어랑 분위기가 예술인데 왜 파리를 날리지? 질문이 끊이지 않을 것이다. 모든 질문들을 적어놓자. 궁금증을 스스로 해결할 능력이 생긴다는 건 당신이 장사의 신 반열에 한 발짝 다가가고 있음을 입증하는 것이니 의문들을 정리해놓을 필요가 있다. 점심시간이 지나고 나면 여유가 좀 생기니 제일 인기가 없었던 집에서 식사를 하도록 하자. 초보 때에는 인기의 비결을 파헤치는 것보다 비인기의 이유를 밝혀내는 것이 훨씬 쉽다. 저녁 일과는 6시부터 자정까지이므로 여유를 가지고 천천히 돌자. 저녁도 먹을 겸 소주 한잔 기울이는 1차집과 든든하게 속을 채우고 어슬렁거리다 들어서는 2차집은 분명 차이가 있다. 인기 있는 매장을 찾는 연령대는 어떻게 되고 무슨 차를 가지고 오는지 테이블 구성원들은 누구인지 주의 깊게 관찰하고 직접 매장에 들어가 빙 둘러보며 손님들이 주문한 메뉴들을 적어오도록 하자. 주인이 뱀 눈으로 째려보면 '단체회식 장소를 찾고 있다'고 대충 둘러대자.

나의 아이템은 과연 어느 곳에 속할까 진지하게 생각하면서 걷다 보면 어느새 자정이 되는데 이때부터가 중요하다. 12시가 넘어 사람이 차기 시작해 아침 해가 떴는데도 손님들이 바글대는 집도 있으니 반드시 4시까지는 지켜보고 귀가하도록 하자. 이렇게 일요일까지 1주일을 돌다보면 눈앞에 답이 서서히 보인다. 내가 생각했던 아이템이 과연 어느 시간에 먹힐 것인지 가늠도 되고, 찬스와 위기의 요소가 분명해질 것이다.

2. 반경 500m 내 직업군 분석

전단지를 돌리고 있는 아주머니께 여쭌 적이 있다. "이 동네에는 어떤 사무실이 많아요?" 하니 술술 쏟아낸다. 지인들은 물론이고 컨설팅을 할 때 가장 중요시 다루는 핵심 포인트다. 돌아보면 안다. 물론 시큐리티 시스템이 있는 곳이 있어 사서함을 뒤지기 어려운 곳도 있지만 우체통에는 업체의 이름이 적혀 있어 어느 업종인지를 파악할 수 있고, 대략의 연봉도 추측해볼 수 있다. 금융회사가 많은 지역에서는 가격 저항이 그리 세지 않지만 연봉이 약한 업종이 몰려 있는 상권에서는 가격 책정에 크게 주의해야 한다. 그렇지 않은가! 월 200~250만 원을 급여로 받는 직장인 중에 얼마나 많은 사람이 1인분에 5만 원 하는 한우등심을 먹고, 저녁 코스로 10만 원 하는 복요리를 먹겠는가? 소비층을 분석하다 보면 역으로 상권이 보인다.

상권이라는 것은 유동인구나 역세권 유무만 가지고 판단할 수 있는 가벼운 상대가 아니다. 오묘하고 복잡하고 의외성이 많은 것이 상권이다. 1주일을 추적 관찰할 때 외식업소만 볼 것이 아니라 중간 중간 자리 잡고 있는 건물의 우편함을 반드시 확인하도록 하자.

3. 주 메뉴의 평균 가격과 인근 업소들의 평균 매출 추이

이미 사나흘 돌았으면 대략적으로 골목 내 업소들의 랭킹이 매겨진다. 이 자료를 토대로 가격 저항선을 만드는 것이다. 관찰했던 업소들마다 평균 메뉴 가격을 뽑아보면 가격 스펙트럼이 보일 것이다. 해물찜이 간판 메뉴인 A라는 집은 2만 7,500원, 육우 등심이 전문인 B라는 식당은 1만 9,000원, 파스타를 내세운 C라는 식당은 1만 3,000원 하는 식으로 한눈에 평균 가격이 보이는데 이게 객단가의 기준이 될 확률이 높다. (100% 맞아떨어지는 것은 아니지만 상당히 설득력 있는 기준을 만나게 될 것이다) 다시 말해, 평균 메뉴 가격에 방문자수를 곱하고 이를 반으로 나누면 평균 매출이 보인다.

평균 메뉴 가격 × 방문 고객수 × 0.5 = 평균매출

경쟁 업소가 될 주인을 협박하여 매출 장부를 까보기 전에는 아무도 그 집의 객단가를 알기 어렵다. 대신 가격 저항선과 평균 객단가까지 추론할 수 있다면 이제는 당신의 메뉴 가격을 책정할 차례다. 고가형으로 전략을 펼 것인가 아니면 저가형으로 융단 폭격을 할 것인가는 여러분의 몫으로 돌아가는데 관찰이 충실하고 날카로울수록 실패할 확률이 줄어드니 이 노력만큼은 아끼지 말자.

'꿈'의 권리금
VS
'쪽박' 권리금

장사에 발을 들인 많은 이들이 권리금에 대한 환상을 가지고 있다. 권리금 없이 들어가 거액의 권리금을 챙겨 나오는 꿈을 꾼다. 이보다 좀 양심적(?)인 케이스라면 적은 권리금으로 들어가서 목숨 걸고 매출을 키운 다음 투자금보다 많은 액수의 권리금을 받고 나오기를 희망하는 사람들이다.

후자는 모르겠지만 전자의 경우는 정말 가능성이 희박하다. 이유를 한번 꼽아볼까? 권리금이 있고 없고의 차이를 무엇이라 생각하는가? 유명상권이거나 역세권이어서 유동인구가 많은 곳은 거의 100% 권리금이 존재한다. 반대로 권리금이 없는 곳은 어떤 곳일까? 상권이 아예 형성되어 있지 않거나 대중교통의 접근이 불편한 곳으로 당연히 유동인구가 적은 지역이 대부분이다. 또 있다. 이제 막 개발이 시작된 신도시의 상가건물도 이에 해당한다. 간단히 말해 돈을 벌 수 있는 조건이 갖추어진 곳은 권리금이 있고, 돈 벌 가능성이 희박한 곳은 권리금이 없다.

신도시 이야기를 하다 보니 떠오르는 사람이 한 명 있다. 외식업의 귀재, 아니 부동산 권리금의 귀재인 L 사장이다. 삼국지의 장비가 떠오를 만큼 거구인 L 사장은 신도시와 서울 외곽만 돌아다닌다. 대기업 연구센터나 벤처타운이 들어선다고 하면 물불 가리지 않고 덤벼든다. 가장 큰 업장을 얻고 한식뷔페를 차린다. 왜 하필 한식뷔페냐고 물으니 승률이 높아서라고 한다. 다들 들어갈까 말까 망설이고 있는 사이에도 입주하는 샐러리맨들은 지속적으로 늘어나고, 주변 공사현장의 인부들까지 쉽게 불러들일 수 있기 때문이란다. 여기저기 임대 안내문이 붙어 있고 엘리베이터에도 흠집이 날까 봐 포장조차 벗기지 않은 상태이니 인테리어도 신경 쓸 필요가 없고 뷔페식이라 인건비마저 적게 든단다.

한데 재미있는 사실은 L 사장의 한식뷔페가 생기고 나면 유명한 부대찌개 브랜드와 삼겹살집, 그리고 생맥주 전문점까지 순차적으로 입주한다는 것이다. 딱히 식사를 할 만한 장소가 없어 늘 배달음식으로 때우던 사람들에게 고민 없이 한 끼를 해결할 수 있는 한식뷔페가 생기면 자연스레 줄을 서게 되고 이 모습을 본 프랜차이즈 가맹주들이 앞을 다투며 따라 들어온다는 것이다.

어차피 오픈하고 나면 나눠 먹을 파이인데도 긴 줄이 늘어선 단편적인 모습만 보고 따라 들어오는 그들이 그렇게 고맙단다. 결국 단시간에 작은 상권을 만들어놓고 정작 본인은 톡톡히 권리금을 챙겨서 튄다(?). 권리금은 이런 거다. 손님이 붙고 상권이 형성되는 만큼 덩달아 덩치를 키우는 게 바로 권리금이다. 그래서 장사의 신들은 권리금을 아까워하지 않는다. 지하철을 예로 들어 비교해보자.

A. 사당역 13번 출구로 나오자마자 바로 눈앞에 보이는 60평짜리 매장

B. 사당역 13번 출구로 나와서 뒤로 돌아 200m를 간 뒤 해장국집에서 좌회전하고 나서 30m 직진 후 첫 사거리에서 우회전하면 보이는 왼쪽 세 번째 집. 역시 60평 매장

배가 고파 죽겠는데 당신은 A 매장으로 가겠는가, B 매장으로 가겠는가? 반드시 찾아가고야 말겠다는 굳은 각오가 아닌 이상 A와 B는 비교의 여지가 없다.

가게 앞을 지나치는 행인의 5% 정도가 가게로 유입된다고 할 때 유

권리금이 무서워
사람 없는 곳에서
장사하겠다고?
꿈은 가상하지만
그건 꿈일 뿐이다.

동인구의 차이는 엄청난 매출의 차이를 불러온다. A 매장에 하루 200명의 사람이 지나간다고 하면 B 매장에는 20명(아주 긍정적으로 잡았다) 정도가 지나칠 것이다. 그러면 200명이 다니는 A 매장에는 10명의 손님이 들어갈 것이고, 20명이 다니는 B 매장에는 1명의 손님이 들어갈 것이다. 7,000원짜리 돈가스 집이라고 하면 A 매장 하루 매출은 7만 원이고, B 매장 하루 매출은 7,000원이 된다.

이번엔 하루 1만 명과 1,000명의 상권이라고 가정해보자. A 매장은 하루 500명이 방문을 하니 350만 원의 매출을, B 매장은 하루 50명이 방문을 하니 35만 원 정도의 매출을 올릴 것이다. 이 격차는 유동인구가 많으면 많을수록 더 크게 벌어진다. 이것이 바로 권리금의 조건과 근거가 된다.

물론 권리금이 있을 정도의 A급 상권이니 임대료도 훨씬 비쌀 테고, 손님이 많으니 식재료비, 인건비도 훨씬 많이 들 것이다. 하지만 그렇다 해도 수익은 엄청난 차이가 날 수밖에 없다. 이유는 비용이 배수만큼 늘어나지는 않기 때문이다.

1시간에 시급 6,000원을 받는 아르바이트생이 40명 정도를 서빙해서 28만 원의 매출을 올릴 수 있다고 하자. 그런데 똑같은 인건비를 받는 친구가 4명을, 그것도 1시간 동안 서빙해서 얻을 수 있는 매출이 고작 2만 8,000원이라는 사실은 많은 것을 시사한다. 그래서 장사의 신들은 권리금을 아까워하지 않는다.

유동인구가 많은 곳의 권리금은 상상을 초월할 정도로 어마어마하다. 한데 이 권리금이라는 녀석은 죽는 것이 아니다. 대대적인 재개발이나 바로 옆에 어마어마한 규모의 새로운 상권이 생겨나서 상권 자체가 사라지는 최악의 사태만 일어나지 않는다면 물가상승률과 동반해서 조금씩 올라간다. 그러니 적금이나 정기예금 들었다 생각하고 마음 편하게 장사하는 사람들이 많은 것이다. 물론 지금과 같은 불경기가 지속된다면 이야기가 조금 달라지겠지만 기본적으로 권리금에 대한 시각이나 인식은 크게 바뀌지 않을 것이다. 그래서 장사가 폭삭 망하지 않는 한 보증금처럼 나중에 찾아갈 수 있다고 생각해야 셈이 맞는다.

그런데 당장 돈이 없어서 은행에서 권리금에 해당하는 1억 원을 대출 받아야 한다고 생각해보자. 대출 금리를 연 5%로 잡으면 1억 원의 대출이자는 연 500만 원이 된다. 1년은 12개월이니 500만 원을 12로 나누면 417,000원 정도. 한 달에 40만 원 조금 넘는 액수라! 하루에 13,900원이다. 6,000원 시급의 아르바이트(자꾸만 예를 들어서 미안~)를 69시간 쓸 수 있는 비용이다. 한 달 기준으로 69시간이니 연중무휴라고 치면 하루에 2.3시간 쓰는 금액이다. 이제 슬슬 감이 잡히는가! 하루 2~3시간 아르바이트 쓸 정도의 돈이라면 1억 원의 권리금을 빌려다 쓸 수 있는 상권에서 장사를 할 수 있다는 사실. 2억 원이면 하루

상권이 없다면 당신의 상권을 만들어라

27,800원. 3억 원이면 41,700원. 권리금 3억이면 꽤 괜찮은 상권의 매장을 잡을 수 있는데 이에 해당하는 대가가 1일 41,700원이라면 해볼 만하지 않겠는가!

P. S.

아무리 후진 상권의 귀퉁이에 자리 잡았어도 하루 수백 명의 손님을 끌어들이고 A급 상권 못지않은 매출을 올릴 자신이 있다면 내 이야기를 무시해도 좋다. 그렇지 않다면 장사의 신들 이야기에 귀를 기울여라.

"아낄 게 따로 있지. 권리금을 아껴?"

임대료,
달라는 대로 주면
당신만 바보다

난 택시기사들과 수다 떠는 것을 좋아한다. 점심은 주로 어디에서 먹는지, 최근 기사들에게 인기 있는 집은 어디인지, 어디를 가야 손님이 많이 몰리는지…. 처음에는 경계심을 보이던 이들도 내가 출연하고 있는 라디오 프로그램들을 나열하기 시작하면 어쩐지 낯익은 목소리였다며 '급 친절 모드'로 바뀐다. 그 덕에 고급 정보를 많이 캐낼 수 있다. 상권에 대한 이야기로 접어들면 시사 프로그램 진행자처럼 분석이 시작된다.

"아이고, 다 죽었어요. 홍대, 강남역, 건대 빼고는 완전히 죽었어요."

"압구정동은 어떤가요?"

"압구정동은 호랑이 담배 먹던 시절에 이미 끝났고 거 어디야, 가로수길도 요샌 아예 손님이 뚝 끊겨서 택시들이 수십 대씩 줄 서서 대기해요."

어라, 가로수길이? 흥미로워진다.

"한 2년 전까지는 강남서 택시 타는 젊은 손님 절반은 가로수길 가자고 했었는데 요새는 가로수길 난리 났어요. 이 양반은 텔레비전도 안 보는 모양이네."

이미들 알고 있구나! 택시기사들이 알았으면 전 국민이 다 아는 거나 마찬가지다. 설명을 좀 덧붙여볼까? 가로수길은 어마어마한 권력이었다. 트렌디한 젊은이들이 압구정동 로데오와 강남역에서 넘어오면서 최고의 물 좋은 거리가 되었다. 핫 트렌드로 무장한 감각적인 레스토랑들이 경쟁을 하듯 들어서기 시작한 것이다. 자연스레 입점을 하려는 희망자들이 몰려들었고, 건물주들은 행복한 비명을 지르기 시작했다. '가로수길이 터진다'고 하자 물불 안 가리고 덤빈 결과 권리금, 보증금, 임대료가 천정부지로 솟아올랐고 임차인들은 손해를 감수하고 버티기 작전에 들어갔다. 1~2년이 지나면서 가로수길 대열에서 낙오하는 소규모 업주들이 속출했다. 그것도 줄줄이. 호시탐탐 가로수길 진출을 노리고 있던 대기업들이 건물주와 '쇼부'를 보기 시작하면서 악몽은 시작되었다. 엄청난 금액의 보증금과 임대료를 제시하

는 대기업 관계자 앞에서 건물주들은 흔들렸고 닭 쫓던 개 지붕 쳐다
보듯 영세업자들은 그렇게 쫓겨나고들 있다. 임차인이야 억울하겠지
만 법적으로 하자는 없다. 전혀. 권리금은 법적으로 인정되는 것이 아
니다. 게다가 임대차보호법 운운하며 민사소송을 걸어봐야 그 긴 시
간을 지치지 않고 버티기란 여간 어려운 일이 아니다. 만에 하나 승
소를 해도 보상금액을 받아내는 건 거의 불가능하다. 무리한 액수의
권리금과 보증금도 문제지만 불경기 속에서 가장 큰 적은 임대료다.
앞의 두 가지야 묻혀 있는 것이니, 그래서 눈에 보이지 않는 거니 그
리 성가신 존재가 아니지만 임대료는 다르다. 매달 꼬박 꼬박 입금하
지 않으면 건물주의 눈에서 벗어나게 되고 재계약은 물 건너 간 일이
된다. 그렇지 않아도 권리금, 보증금 마련하기 위해 한도까지 대출받
은 이들이 대부분인데 그 비싼 임대료를 감당하려니 판매 가격이 높
아졌다. 엎친 데 겹친 격으로 불경기 때문에 상대적으로 소득이 줄어
든 고객들의 발걸음까지 뜸해졌다. 아무리 '초강력 울트라 슈퍼 파워
상권'이라고 해도 임대료가 지나치면 장사는 무의미하다. 아무튼 이
래저래 가로수길의 시계視界는 점점 더 어두워지고 있다.

그런데 '지나치다'의 기준은 무엇일까?
상식적인 수준에서의 임대료는 건물 가격의 5% 수준이다. 즉 10억
원짜리 건물이라면 5%인 5,000만 원 정도가 납득할 만하다. 이걸 열

두 달로 나누면 대략 400만 원 정도가 된다. 그러니 20억 짜리 건물이라면 800만 원이 되고, 30억의 가치가 있는 빌딩이라면 1,200만 원 정도가 된다. 이만큼은 받아야 손해를 보지 않는다고 건물주와 부동산업자가 굳게 결심을 하는 것이다. 건물의 가격은 상권과 낙후도 정도에 따라 평가가 되니 이 점도 고려해야 셈이 맞는다. 단층건물이 이 정도 평가를 받는다면 매장 하나에서 임대료 전부를 뽑아내야 밤잠을 설치지 않는다. 보통 상가 건물이 지하 1층에 지상 3~4층 정도의 예가 많으니 다시 정신 차리고 계산기를 두들겨보면 다음과 같다.

같은 평수의 매장일 때 지하 200만 원, 1층 300만 원, 2층 250만 원, 3층 150만 원이라는 금액이 산출된다. 그러니 임대 계약을 하기 전에 입주를 희망하는 건물 가격과 나머지 층의 임대료를 계산해보면 대략적인 그리고 합리적인 임대료 산정이 가능해진다. 물론 특수한 경우도 있다. 청담동이나 가로수길처럼 매년 부동산 가격 상승률이 두드러지는 지역의 경우는 건물주 마음이다. 건물가 상승으로 얻는 이익이 임대료보다 크기 때문에 임대료가 5%에 못 미치는 건물도 허다하지만 목이 좋은 곳은 5%는 터무니없는 액수라고 무시하고 부르고 싶은 만큼 불러대는 곳도 많다. 애초에 언급하지 않았는가! 임대료는 건물 가격으로 산정하는 것이라고. 대기업 직원들과 부동산 에이전트들이 도시락 싸들고 다니며 경쟁적으로 호가를 불러대는데 굳이 5%를 고집할 이유가 있겠는가!

좀 차원이 다른 경우도 많다. 지금 현재가 아닌 미래적 가치를 염두에 두고 자기 건물을 평가절상해 임대료를 책정하는 경우도 있다. 이 경우는 건물주의 마스터플랜과 밀접한 관계가 있다. 본인의 건물 바로 옆에 별 다섯 개짜리 호텔이 들어선다든지 대기업이 이전해온다든지 할 경우에는 그 정도가 심해진다. 건물 가격이 기하급수적으로 상승할 것이라고 굳게 믿기 때문이다. 자기 소유의 건물은 그 자리에 가만히 있었는데 어부지리로 건물 가격이 높아질 것이라 예상하고 기존의 임차인을 내보내고 새로 들어오는 신입에게 2~3배의 임대료를 요구하는 경우도 아주 많다. 이에 말리면 손발이 바빠지고 가족들이 고생하게 된다. 제발 부탁이니 상권만 분석하지 말고 임대료도 분석하기 바란다.

계약 후 매일 밤 쓰린 속에 소주를 붓고 싶지 않다면 폼 나게 차려 입고 부동산을 모조리 뒤져라. 좋은 건물 나온 거 없냐고 묻고 다니시길 바란다. 협상을 하다보면 합당한 건물의 가격이 나올 테고 이걸 바탕으로 임대료를 예상하고 대처해야 실패할 확률이 낮아진다. 다시 한 번 정리해볼까? 건물 가격의 5%가 건물에 입주한 모든 매장의 1년치 임대료라는 사실. 묻고 따지는 사이 답이 머릿속에 들어올 것이다. 그래서 장사의 신들은 건물주가 아닌 본인이 임대료를 결정하는 것이다.

P. S.

시장 원칙에 따라 상권 및 입지가 좋은 곳은 임대료와 권리금이 비싸고, 비싼 만큼 장사가 잘 될 확률이 높지만, 오히려 높은 임대료로 인하여 수익이 낮을 수도 있다.

제발
모르면
프랜차이즈 하세요

컨설팅을 의뢰한 고객들에게서 웬만큼 자신감이나 에너지가 느껴지지 않으면 나는 무조건 프랜차이즈를 하라고 권한다. 'HIGH RISK, HIGH RETURN.' 위험부담이 크면 그만큼 돌아오는 것이 크고, 낮으면 돌아오는 것도 적다는 뜻이다.

그래서 나는 초보들에게는 프랜차이즈를 권한다. 아무리 공부를 많이 했다고 해도 처음 외식업에 뛰어드는 사람은 상권을 분석하고, 콘셉트를 정하고, 인테리어 업체를 골라 비교 분석하고, 재료를 수급해줄 도매 업체와 계약을 맺고, 주방과 홀에서 일할 스텝들을 불러 모으고, 홍보물을 만들고, 손님을 끌어들이기까지가 얼마나 어려운지 모른다. 비용을 지불하면 이 모든 수고와 노력을 대신해주는 곳이 바로 프랜차이즈이다. 마음 같아서야 직접 기획안 작성하고 매장을 오픈해 손님을 줄 서게 만들고 3년 이내에 프랜차이즈 기업으로 끌어올리고 싶겠지만 결코 쉽지 않다. 노하우가 없으면 100전 100패. 퇴직금 다 날리고 대출금 평생 갚으며 살아야 할지도 모른다. 그래서 돈내고 배우자는 거다.

프랜차이즈라고 해서 다 성공하는 것은 아니다. 아마도 옆집 사돈의 친척이 프랜차이즈 가맹점으로 떼돈을 벌고 있다는 소리를 듣고 무작정 덤볐다가는 매일 쏟아지는 청구서를 감당 못해 야반도주를 해야 하는 불상사가 일어날지도 모를 일이다. 그래서 준비했다.

'프랜차이즈 업체 옥석 고르기'

단 이 사실만큼은 주지하고 들어가자. 프랜차이즈는 안전한 대신 큰 이익을 챙기기 쉽지 않다는 점을. 아무리 대량으로 직거래를 해 납품가를 낮추고 가맹점들에게 제공한다고 하지만 프랜차이즈 본사도 먹고 살아야 할 것 아닌가! 전국을 발로 뛰며 영업을 해야 하는 직원들 월급도 줘야 하고, 사무실 임대료도 내야 하고, 세금도 납부해야 하는데 그 돈을 누가 지불하는가? 바로 당신이다. 그래서 제대로 골라야 한다. 그럼 한번 시작해볼까?

하나, 신문에 부정기적으로 실리는 '프랜차이즈 대상' 같은 광고성(?) 기사를 뒤져보자.

물론 신문사 광고국에서 영업을 하거나 업체에서 의뢰해 나온 기사이니 100% 믿을 바는 아니지만 일단 이 정도의 마케팅력을 가지고 있다면 크게 손해 보지는 않는다. 수단과 방법을 가리지 않고 브랜드를 홍보해야 인지도도 오르고, 이걸 무기로 가맹점도 모으고 손님도 끌어모을 수 있는 것이다.

회식할 장소를 물색하다가 '원할머니 보쌈'과 '김유진 보쌈'이 레이더망에 걸렸다고 하자. 여러분 같으면 어느 곳을 선택하겠는가. 일단 자신만 아는 스페셜한 맛집이 있다면 그곳을 소개하겠지만 그것이 아니라면, 다양한 부서원들의 입맛을 설득시키기도 쉽고, 설령 식사 후 만족도가 떨어져도 나보다는 가맹점 탓을 할 테니 위험부담이 줄어든다. '프랜차이즈라 기본은 하겠지'라는 안심도 될 것이고.

둘, 지난 5년간의 프랜차이즈 부침과 확장세를 분석하라.

프랜차이즈 본사 홈페이지에 들어가면 연혁이 나온다. 언제 사업자등록을 했고, 프랜차이즈 가맹점을 모집하기 시작했는지, 현재는 전국에 얼마나 많은 매장이 포진하고 있는지 등이 일목요연하게 정리되어 있다. 연혁을 자세히 관찰해보면 꾸준히 몇 십년간 이어온 인기인지, 최근 갑작스레 인기몰이를 하고 있는 브랜드인지 간단히 파악

된다. 거기에 운도 따라주어야 한다. 프랜차이즈 이미지는 하루아침에 물거품이 될 수도 있는 노릇이다. 일부 가맹점의 불친절하거나 비위생적인 영상이 폐쇄회로에 찍혀 적나라하게 텔레비전 뉴스에라도 나오면 그야말로 손님이 뚝 끊기고 만다. '우리는 아닌데…' 하소연해 봐야 누구도 알아주지 않는다.

프랜차이즈를 희망하는 예비 창업자가 50~60대라면 지속적으로 인기를 끌고 있는 업종이 안전하고 유리하다. 그만큼 고객을 확보하고 있으니 오픈과 동시에 짭짤한 수익을 올릴 수도 있다.

대신에 30~40대의 열혈 청장년층이라면 최근 1~2년 새의 트렌드와 성장세를 주목하는 것이 좋다. 프랜차이즈는 가맹점들이 성공해야 빅 브랜드로 클 수 있다. 그래서 본사에서도 가맹점주들에 대한 가이드라인을 세우는 것이다. 생각해보라. 10~20대의 젊은 여성을 상대로 하는 아이스크림 매장에 나처럼 산적 같이 생긴 아저씨가 계산대를 지키고 서 있다면? 분명 조인성이나 이승기 닮은 젊고 잘생긴 주인 매출의 반도 못 따라 갈 것이다.

이와 반대의 경우도 있다. 남도 한정식을 2만 원에 판매하는 매장에 이제 갓 대학을 졸업한 듯한 젊은이가 주인이랍시고 이것저것 아는 체를 한다면? 모르긴 몰라도 손님들의 신뢰는 뚝 떨어지게 될 것이다. 젓갈이며 장아찌를 직접 담아 손님상에 올릴 것 같은 50대 후

반의 인상 좋은 아주머니가 주인으로 있는 가맹점의 매출을 따라가려면 애를 좀 먹을 게 분명하다.

셋, 프랜차이즈 매물사이트를 최대한 열심히 뒤져라.

자칫 홍보한다는 인상을 줄까 싶어 사이트의 URL은 적지 않겠다. 대신 포털사이트 검색창에 '프랜차이즈 매물'이라고 치면 수없이 많은 매장이 사진과 함께 올라와 있는 것을 확인할 수 있다. 여기서 먼저 드는 생각. '왜 이리 많은 매물이 쏟아져 나오는 거지?' 표면적인 이유들은 이렇다.

'필리핀 이민으로 급하게 내놓습니다.'
'건강상의 이유로 내놓지만 많이 아깝습니다.'
'주변 빌딩을 매입하게 되어 자금이 필요합니다.'

정말일까? 의심부터 드는 게 사람 마음이다. 물론 이들 말이 맞을 가능성도 있다. 하지만 딱 봐도 매출 감소가 가장 큰 이유일 것이다. 프랜차이즈 본부의 안이함 때문일 수도 있고, 가맹점의 게으름 때문일 수도 있다. 거기에 반짝하고 마는 '냄비' 프랜차이즈 아이템일 확률도 높다. 열심히 뒤지다 보면 쉽게 보인다. 알면 보이고, 보이면 평가가 가능해진다.

"이 브랜드 조만간 문 내리겠구먼. 전국에 200개 있다는데 매물이 80개나 되네."

위의 세 가지 항목을 분석해보고 목표가 두세 개로 좁혀진다면 그 중에서 당신과 가족들이 가장 좋아하는 음식을 정하도록 하자. 팔랑거리는 귀 때문에 좋아하지도 않는 음식을 선택했다가는 매장에서 다른 음식을 배달해 먹게 되는 불상사가 벌어진다.

이런 불상사가 생기지 않으려면 대상으로 꼽은 식당들을 하루에 돌아야 한다. 무슨 소리인고 하니, 만약 족발 프랜차이즈가 하고 싶다면 A를 점심에, B를 이른 저녁에, 그리고 C를 늦은 저녁에 먹어봐야 각 집들의 장단점을 파악할 수 있다는 것이다. 그래야 변별력이 생긴다. '시간이 없으니까 오늘은 A만 맛보고 B랑 C는 내일 들른 후, 결정해야지' 하는 순간 모든 게 도루묵이 되고 만다.

그리고 **상권에 대해 깊이 알고 싶다면 1주일 이상은 매일 발품 투자를 해야 한다**. 건대입구에 매장을 내고 싶다면 월요일 아침부터 일요일 심야까지 몸살을 앓을 만큼 골목을 어슬렁거려야 거리의 성격을 파악할 수 있다. '고객은 20대가 많고 시간대는 8시부터 12시, 새벽에도 유동인구가 만만치 않네.'

이 정도 분석을 해내려면 그러한 수고는 감내해야 하지 않을까.

프랜차이즈 본사와 상담을 할 때는 최대한 묻고 또 물어라. 어차피 내
돈 주고 고르는 것이니 최대한 까칠하게 굴어도 본사에서는 이해할 것이다.
우리 브랜드는 유명하니까 하고 싶으면 도장 찍고, 아니면 말고 식으
로 나오면 아무리 그 브랜드를 하고 싶다 하더라도 문을 박차고 나오
는 것이 좋다. 좋든 싫든 계약 기간 동안은 부딪치고 또 부딪쳐야 할
사이인데 자기 부모 매장 내드리듯 자상하고 친절하지 않다면 타 브
랜드의 문을 두드리는 것이 낫다. 그래봐야 한두 달 늦어지는 게 고
작일 테고, 비용이라면 교통비와 식대 정도가 전부일 테니.

김밥과 만두도 조금만 바꾸면 빅 아이템이 된다

－홍대 〈찰스김밥〉, 합정역 〈마포만두〉

IMF 경제위기 시절 '대한민국은 이제 끝났구나!'라고 생각했다. 외환보유고가 바닥나면서 시작된 경제 한파는 물가 상승과 금리 인상으로 이어져 소비자들은 결국 지갑을 닫아버렸다. 국민들이 무슨 죄가 있겠는가? 국가 운영을 방만하게 한 경제부처와 책임자들이 문제지. 순진한 국민들은 그저 앉아서 당한 꼴이었다. 신문과 방송에서는 힘을 합쳐 이 위기를 극복하자며 '금 모으기'를 제안했고, 국민들은 그리하면 나라를 살리는 줄 알고 남녀노소 할 것 없이 장롱 속 금붙이들을 아낌없이 내놓았다.

방송국에서는 특별 생방송까지 편성하며 분위기를 몰아갔다. 그

때 지령(?)을 받고 만든 프로그램이 〈테마탈출 IMF〉였다. 지금 생각해보면 우스꽝스럽기 짝이 없는 타이틀이다. 하지만 간절했던 당시 상황에서는 주목을 끌기에 충분했다. 적은 비용으로 고효율의 소비를 하자는 것이 콘셉트였다. 자연스레 취재진들은 '아나바다(아껴 쓰고, 나눠 쓰고, 바꿔 쓰고, 다시 쓰고)' 캐치프레이즈로 무장하고 재활용센터나 중고 매장, 도매가 할인매장 등을 소개했다.

IMF는 대한민국의 음식 트렌드도 바꾸어놓았다. 모 프랜차이즈 업체에서 '1,000원 김밥'이라는 메뉴를 내놓았고, 뉴스와 정보 프로그램에서는 기발한 아이디어라며 입에 침이 마르도록 칭찬했다. 지갑이 얇아진 소비자들 또한 충성스런 고객이 되는 것을 주저하지 않았다. 1,000원 김밥의 여파는 컸다. 경쟁업체들도 너나 할 것 없이 1,000원 김밥을 메뉴판에 올렸고, 지하철 역사에도 1,000원 김밥 판매노점이 가득했다.

그런데 신용등급이 조금씩 오르면서 상황이 나아지자 김밥 가격도 상승하기 시작했다. 판매가를 높이기 위해서는 아이디어가 필요했다. 대형 김밥 업체들은 마요네즈에 버무린 참치로 속을 채운 참치김밥, 슬라이스 치즈를 넣어 고소함을 살린 치즈김밥, 불고기 양념에 볶은 고기를 넣은 소고기김밥, 캘리포니아롤처럼 김과 밥의 위치를 뒤집어 만든 누드김밥 등을 메뉴판에 끼워 넣으며 은근슬쩍 가격을 올렸다. 노점상들도 경쟁에 뛰어들었고, 김밥에 계란 옷을 입히는 기상천외한 아이디어로 종로와 노량진 일대의 젊은 층을 사로잡았다.

김밥에 대한 아이디어 경쟁은 여기서 멈추지 않았다. 부산 국제영화제에 먹을거리 취재차 들른 남포동에서 난 '그' 친구를 만나고 말았다. 지금이야 전국 어디에서나 만날 수 있는 아이템이 되었지만, 손가락 굵기의 그 김밥을 처음 보았을 때 나는 연신 카메라의 셔터를 눌러대느라 바빴다. 이름하여 '부산 스타일 꼬마김밥!'

작은 손수레 위에는 예닐곱 가지 재료로 가득한 '밧드(업소용으로 반찬을 담는 스테인리스 용기)'가 자리 잡고 있었고, 그 앞에 김밥들이 피라미드처럼 쌓여 있었다. 그런데도 만드는 속도가 집어먹는 속도를 따라가지 못했다. 4조각으로 자른 김 위에 밥을 깔고 재료를 올린 뒤, 손바닥으로 스르르 밀면 동그랗게 말린다. 짭조름한 스팸김밥, 매운 고추로 볶은 멸치를 넣은 멸추김밥, 볶은 어묵으로 속을 채운 오뎅김밥, 톡톡 터지는 식감이 인상적인 날치알김밥, 볶은 김치 때문에 밥이 붉게 물들었던 김치김밥까지!

형형색색의 재료로 만든 꼬마김밥들은 전국을 강타하기에 부족함이 없었다. 기존 김밥들이 이것저것 섞어 넣어서 복합적인 맛을 이끌어내는 방식이라면, 부산식 꼬마김밥은 순전히 원재료의 맛을 도드라지게 하는 마력이 있었다.

장사는 감각이다.
흔해 빠진 김밥도
안에 무엇을 어떻게 넣느냐에 따라
펄떡이는 아이템이 된다.

꼬마김밥의 광풍 이후 김밥 업계에서는 이렇다 할 개발이나 진전이 없었다. 프랜차이즈 업계 종사자들 사이에서도 '김밥은 사양 아이템'이라는 데 입을 모았다. 그렇게 프랜차이즈의 김밥 경쟁은 소강 상태에 접어들었고, 떡볶이로 그 열기가 옮겨갔다. 그 후 몇 년이나 지났을까? 사무실 현관에 걸린 김밥 전단지 한 장이 내 눈을 의심하게 만들었다.

'찰스 숯불김밥'

멍해졌다. 그림을 보지 않고 글만 읽었는데도 맛이 그려졌다. 바로 전화를 걸어 주문했다. 기대만큼 맛이 없으면 어떡하지? 내가 그린 맛이 아니면 이 실망을 어떻게 감당한담? 호기심 반, 의심 반으로 포털사이트의 검색창에 상호인 '홍대 찰스'를 입력하는데 연관 검색어는 물론이고 블로거의 글이 줄을 잇는다. 반응이 뜨겁다. 처음 들어보는 아이템인데 혹시 블로거 마케팅을 했나 싶을 정도로 칭찬 일색이었다. 찬찬히 뜯어보았다. 돈을 받고 쓴 글이 아니었다.

이 대단한(?) 김밥을 맛보기 위해 난 30분 가까이를 기다려야만 했다. 포장을 뜯고 다소곳이 누워 있는 김밥 한 점을 입에 넣었다. 씹자마자 불 맛이 확 퍼진다. 숯불에 구운 것이 분명한 고기 맛이 연막탄처럼 퍼져 나왔다. 주방을 내 눈으로 확인한 것이 아니니 듣도 보도 못한 재료를 썼을 수도 있으리라. 하지만 난 〈먹거리 X파일〉의 이영돈 PD가 아니다. 내 관심사는 순전히 숯불고기를 재료로 썼다는 아이디어에 집중되어 있었다.

아니 세상에! 숯불에 구운 소고기로 김밥을 말다니. 누구나 한번쯤은 생각해봤음직한 아이디어라고 위안을 하기에는 내 자신이 너무 초라해 보였다. 왜 시도하지 못했을까? 충격이 컸다. 한 점당 대략 4~5g쯤 되려나? 김밥의 옷고름을 풀어헤치고 과학수사대처럼 젓가락으로 재료 하나하나를 펼쳐보았다. 새까맣게 그을린 고기가 그리 많은 양은 아니었지만 분명히 들어 있었다.

오 마이 갓! 누군가 그랬다. 성공과 실패의 경계선을 긋는 것은 도전이라고. 찰스김밥의 사장은 실제로 숯불고기를 집어넣었다. 이런 시도도 해보지 않고 누가 감히 김밥을 한물간 아이템이라 했는가? 딱 한 가지 재료만 바꾸었는데 가격이 4,000원이다. 숯불김밥이라는 아이템으로 기존의 김밥보다 500원, 1,000원을 더 받는데도 거부감이 없었다. 아니 오히려 만족감이 몇 배는 더 컸다.

장사는 감각이다. 핏속에 이런 예민한 감각이 살아 숨 쉬어야 성공할 수 있다. 친한 회사 대표에게 찰스김밥을 아느냐고 물었더니 재미있는 대답이 나왔다.

"찰스가 이사 가면 회사를 옮기겠다는 직원이 있을 정도예요."

애정을 보이는 광팬들 덕분일까, 급속도로 가맹점이 늘고 있다.

IMF 때 히트를 친 또 하나의 메뉴가 1,000원 만두다. 가게 앞에 배치한 커다란 찜통에서 뿜어대는 수증기와 산처럼 쌓여 있는 만두 찜기를 모른 척 지나치기란 쉽지 않다. 배고픈 청춘들에게는 훌륭한 한 끼 식사였고, 심심한 입과 배를 든든히 때워주는 간식으로도 손색이 없었다. 손님들이 줄을 서자 우후죽순처럼 1,000원 만두를 간판으로 내건 업체들이 생겨났고, 임대료를 내지 못해 빠진 매장에는 여지없이 만두집이 들어서기 시작했다. 덕분에 한 집 건너 한 집이 만두집이었던 골목도 적지 않았다. 1,000원 만두를 가지고 퀄리티 운운하는 이는 거의 없었다. 그야말로 착한 가격이 행인들의 발목을 잡아끌었던 것이다.

기하급수적으로 늘어가던 1,000원 만두의 열기는 '고기 대신 중국산 무말랭이 사용'이라는 보도 한 방에 식어버렸다. 동시에 만두 프랜차이즈를 연구하던 나의 관심 역시 언제 그랬냐는 듯 사그라졌고 한동안 길거리 만두와는 거리를 두게 되었다. 그렇게 시간은 흘러갔다.

친한 매니저 동생이 비닐봉지에 든 만두를 가져온 것은 그 뒤로 한참이 지나서다. 새로 나온 앨범을 그냥 가져오기가 민망했던지 손에 비닐봉지가 들려 있는데 대한민국 최고의 만두집을 개발했단다 (방송가에서는 발굴을 개발이라 쓰는 이들이 많다). 워낙 뻥이 센 친구라 반신반의하며 스티로폼 포장 용기를 열었다.

모양새는 일반 만두와 별반 다르지 않았다. 맛을 보라며 무작정 내 입으로 밀어 넣는다. 혀 위에서 두어 번 굴리다가 어금니로 무는데 헉! 육즙에서 갈비 맛이 난다. 매니저들 사이에서 소문나기 시작해 인기몰이를 했다는데 이름이 '갈비만두'란다.

이거야 원 궁금해서 견딜 수가 있나? 소개한 매니저 동생을 앞세워 가게를 찾아 나섰다. 대낮인데도 사람들이 장사진을 치고 있었다. 식당에서 먹고 가는 사람도 많지만 그 맛을 지인이나 가족들과 함께 하고 싶어 포장을 해가는 이가 더 많았다.

아, 갈비만두라니! 20년간 전국을 취재하면서 별의별 만두를 다 만났던 나다. 숭어로 만든 생선만두는 물론이고 대파만두에 홍어만두까지 안 먹어본 만두가 거의 없다고 자부했는데…. 갈비 맛을 어떻게 냈는지는 논외로 치자. 한우를 넣었는지 국내산 육우를 넣었는지 수입산을 썼는지도 나의 관심 밖이다. 오로지 갈비 맛이 나는 만두가 놀라울 따름이다.

순간 이런저런 아이디어가 마구 떠오른다. 고추장 삼겹살을 넣어보면 어떨까? 등심 부위를 넣고 등심만두라 이름 지으면 반응이 있으려나? 삼각김밥처럼 참치마요를 넣으면 고소해지지 않을까? 이런 기발한 아이디어를 만나면 나는 엉뚱한 상상 속에서 헤어나올질 못한다. 아무튼 이 깜찍한 아이디어에 두 손 두 발 다 들었다.

단언컨대, 일명 레드오션이라고 불리는 '죽은 아이템'이란 없다. 꺼진 불을 다시 볼 수 있는 감각이 여러분을 장사의 신으로 만들어줄 것이니 유행이 지난 아이템들을 하나하나 꺼내어 곱씹어보아야 할 것이다. 특허는 물론, 당신만의 브랜드로 전국을 강타할 수도 있을 테니.

P. S.

위에 설명한 숯불김밥이나 갈비만두는 가감 없이 기존 재료를 바꾸었다는 차원에서 칭찬받아 마땅하지만 더하기로 승부를 건 김밥도 있어 잠시 소개하고자 한다. 기존 재료의 양을 늘려 김밥을 든든한 한 끼 식사로 업그레이드시킨 김밥이다.

방송 프로그램이나 광고, 잡지 촬영 등의 분야에서 활약하고 있는 푸드스타일리스트들 대부분은 자신들이 직접 음식을 만들지만 시간이 없거나 일손이 부족할 때는 번거로운 작업을 구매로 대신 하는 경우가 왕왕 있다. 탤런트 임호 씨와 CJ 홈쇼핑에서 프로그램을 진행할 때였다. 테이블 위에 있는 김밥이 하도 푸짐하고 맛있어 보여 몰래 하나 훔쳐 먹다가 걸린 적이 있다. 먹으면서도 김밥을 구성하고 있는 재료들이 너무나 조화로워 감탄하고 있는데 스타일리스트 한 분이 다가오더니 한마디 한다.

"소품 먹으면 3년 재수 없다는데 괜찮으시겠어요? 지난번에 카나페도 드셨으니 이제 6년이네요. 그나저나 김밥 예술이죠? 번호 드릴

까요? 방배김밥인데 미리 전화하셔야 할지도 몰라요. 하도 인기가 많
아서."

연근조림과 유부 등으로 4분의 3을 채우고 있어 밥이 거의 보이지
않는 김밥이 궁금하다면 꼭 한 번 방문해보시라. 칼럼니스트와 스타
일리스트가 강력 추천하는 김밥집이니.

아깝다,
내가 먼저
생각했었는데!

- 신촌 〈팔색삼겹살〉

　　전국을 취재하면서 참으로 많은 음식을 먹었고, 놀랐고, 감동했다. 전국의 특산물로 만든 거의 모든 음식을 먹어보았다고 하면 질투들 하시려나. 나의 이런 '맛 경험'을 이홍렬 형도, 이문세 형도, 왕영은 누나도, 다들 부러워한다. 외우는 데 재주가 없는 난 유난히 암기과목에 약했었는데 희한할 정도로 맛에 대한 기억만은 잊히지 않는다. 재료의 손질이나 양념장을 만드는 노하우, 심지어 조미료의 종류까지도 머릿속에 선명하게 남아 있으니 말이다.

　　시작은 1995년 MBC 〈골목기행〉부터였다. MBC 아나운서 국장을 지낸 최재혁 선배가 아나운서였던 시절이니 꽤 오래된 일이다. 먹는 걸 좋아하던 둘이 만났으니 자연스레 음식 관련 아이템으로 한 코너를 만들어보자는 데 의견이 모아졌다. 기획안도 쉽게 통과되었고, 우리는 매주 신나는 맛집여행을 시작했다.

　전국의 골목이라는 골목은 다 돌았다. 광주의 오리탕 골목, 부산의 고갈비 골목, 대전의 묵 골목, 인천의 차이나타운, 춘천의 닭갈비 골목, 대천의 굴 마을까지 내 돈 들이지 않고 호사스런 맛기행을 하던 시절이었다. 이것이 끝이 아니었다. 다행히 시청률도 좋았고, 반응도 뜨거웠던 덕분에 그 이듬해에는 울릉도 옆의 죽도에서부터 서해안 백령도까지 44군데의 맛있는 섬까지 취재했다.

　사실 취재를 하는 집에서는 풍족히 먹기가 좀 그렇다. 당시만 해도 촌지를 찔러주는 집이 많았는데 최 선배나 나나 노조에 가입해 있었기도 하고, 봉투를 받는 데 익숙하지 않은 성격인지라 촬영이 끝나면 도망치듯 가게를 떠나왔다. 퀴퀴한 여관방에 가방을 던져놓고 어슬렁거리기 좋은 추리닝(우린 아무래도 이 표현을 좋아했다)으로 갈아입은 뒤 읍이며 면 소재지의 뒷골목을 뒤졌다. 피로를 푸는 데는 삼겹살에 소주 한잔이 제격이니까.

　한번은 순창에서 고추장 삼겹살로 저녁을 때우는데 최 선배가 은근한 눈빛으로 나를 보며 추파를 던졌다.

"서울 올라가서 고추장 삼겹살집 하나 열까?"

"형, 이거 여의도에 열면 완전 대박나겠죠. 그죠?"

우리는 그렇게 술잔을 기울였고 밤을 지새웠고 전국을 돌았다. 풍기에서는 인삼에 재운 삼겹살을 맛보며 사업구상을 했고, 의성에서는 다진 마늘에 숙성시킨 삼겹살을 보고 손가락을 걸었다. 장성에서 맛본 된장에 박아놓은 거무튀튀한 삼겹살에 이르러서는 "지금까지 먹어본 삼겹살들을 깡그리 모아 삼겹살 프랜차이즈를 열자."는 구두계약까지 맺었었다. 물론 서울로 돌아오면 언제 그랬냐는 듯 각자 먹고 살기에 바빴지만 말이다.

한참 뒤 후배의 성화에 못 이겨 '팔색삼겹살'이라는 곳을 찾았는데 문득 그 시절 약속들이 하나둘 떠올랐다. 생긴 지 얼마 안 된 집이라고 했는데 아이디어가 예전에 최 선배와 함께 생각했던 것과 매우 흡사했다. 마늘, 인삼, 와인, 고추장, 된장에 숙성시킨 여덟 가지 삼겹살을 주문 제작한 나무판에 넣어 상에 올리는 것이 아닌가? 아뿔싸! 그때부터 난 생각을 바꿨다. 성공의 어머니는 노력이 아니라 도전이라고. 팔색삼겹살의 사장은 실행했다. 그래서 인정을 받았고, 부를 누릴 자격이 있었던 것이다.

인간의 아이디어는 다 거기서 거기다. 누구나 생각할 수 있지만 그걸 실행에 옮기느냐 마느냐가 성패를 가른다. 암튼 그날은 게으른 나를 탓하느라 후배의 이야기도 귀에 들어오지 않았고, 삼겹살의 맛도 제대로 느낄 수 없었다.

그리고 몇 년 뒤, 일본의 방송국 프로듀서들과 그 집을 다시 찾았다. 입구부터 많이 바뀌어 있었다. 일본, 중국, 대만의 TV와 잡지에 실린 사람들로 벽이 꽉 채워져 있었고, 관광객들의 탄성으로 귀가 먹먹할 지경이었다.

"스고이데스네(끝내주는데요)!"

그새 많이 유명해진 모양이군. 잠시 혼자 생각을 하며 입구로 들어섰다. 대기줄이 길었다. 어쩐다! 예약도 안 했는데…. 이거 망신당하겠는 걸. 사진을 좀 찍어야겠다는 핑계로 일행을 줄에 세워놓고 내부를 훑었다. 앵? 위치는 맞는데 내가 왔던 집이 아니다. 분위기가 180도 바뀌었다. 예전에는 학교 앞 민속주점 같았는데 인테리어도 소품도, 메뉴 구성도 세련되게 바뀌어 있었다. 다행히 여덟 가지 삼겹살은 그대로 남아 있었다.

어찌어찌하여 자리를 잡고 앉았는데 화구가 두 개 달린 테이블이 한눈에 들어온다. 안내문을 읽어보니 자체 주문 제작했고 특허를 받

인간의 아이디어는
다 거기서 거기다.
누구나 생각할 수 있지만
그걸 실행에 옮기느냐 마느냐가
성패를 가른다.

았단다. 한 개는 고기불판을 올리는 용도이고 또 다른 하나는 서비스로 나오는 찌개를 끓여 먹는 용도란다. 일반적으로 고깃집에서 된장찌개를 끓여서 내주는 이유는 가스레인지가 하나이기 때문이다. 손님이 청하면 그 바쁜 주방에서 된장을 끓이느라 한 명이 지키고 서 있어야 한다. 이 번잡하고 수고스러운 일을 추가 화구로 해결한 셈이다.

게다가 찌개의 불 조절 역시 손님 몫이니 맛에 대한 불평도 줄어들기 마련이다. '손님을 위하지만 결국은 업주가 혜택을 보게 되는 완벽에 가까운 시스템을 만들었구나.' 멈추지 않고 변화를 모색하는 노력에 또 한 번 뒤통수를 맞은 기분이었다.

서빙을 하는 아르바이트생도 일어와 중국어가 능통한 다국적군(?)으로 구성되어 있었다. 이유를 물어보니 외국인 관광객이 하도 많이 찾아와서 어쩔 수가 없었단다. 이런 행복한 비명이 있을 수 있나? 덕분에 외국의 가이드 책자에 '일본어, 중국어 가능'이라는 문구가 올라가게 되었고, 여행객들이 이 집 문턱을 넘기 위해 오늘도 앞을 다투어 줄을 서고 있다.

주문하고 화장실을 다녀오며 슬쩍 포스POS의 매출총액을 눌러봤다(매니저님, 죄송합니다. 매출 버튼 제가 눌렀어요. 용서해주세요. 궁금하면 참을 수가 있어야죠). 헉! 초저녁인데 500만 원이 넘었다. 난 아직도 팔색삼겹살의 맛을 잘 모른다. 갈 때마다 충격을 받아 질투심으로 불탔고, 그 맛있다는 삼겹살이 코로 들어가는지 눈으로 들어가는지 구분도 못했다.

고기 장사를 하고 싶은 분이라면 반드시 견학을 가야 할 이유가 있는 집이다. 약간의 경험이 있는 분이라면 메뉴 구성과 가격 책정에 또 한 번 놀랄 것이다. 가격 저항선은 지키면서도 손님이 알아서 지갑을 열게 만드는 세트 구성이 놀랍도록 얄밉다. 그래, 성공하는 데는 다 이유가 있는 거야. 연거푸 폭탄주를 목으로 넘기면서 속을 쓸었다.

'아깝다, 내가 먼저 생각했었는데….'

무궁무진한
매력 덩어리,
0.5 창업

'0.5 창업'

초보자라는 심적 부담감을 줄이고 리스크 관리 차원에서 영업시간을 타 점포에 비해 반으로 줄이고, 기존의 안정적인 수입원을 그대로 유지하는 꿩 먹고 알 먹기 전략.

10여 년 전 여의도 증권거래소 건너편 공중전화 부스 바로 옆에 무인 과일 손수레가 있었다. 하도 아이디어가 희한해서 내 프로그램에서 미니 다큐멘터리를 만든 적이 있다.

일단 가장 급한 숙제는 주인을 찾는 일이었다. 카메라를 세워놓고 구매자들의 표정을 담았다. 그냥 지나치는 사람은 거의 없었다. 과일

수레를 지나가다 상자를 찢어 만든 푯말의 문구를 읽고 모두 재미있어 했다.

"사과는 한 알에 천 원입니다. 잔돈은 상자 안에 있습니다."

기가 막히다는 표정도 있었고, 몰래카메라가 아닌가 두리번거리는 사람도 있었다. 숨어서 촬영을 하다가 과일을 사고 돈을 상자에 집어넣고, 잔돈을 알아서 챙겨가는 두 명의 직장 여성을 따라붙었다. 단도직입적으로 물었다.

"왜 사셨어요?"

"하하하. 재밌잖아요. 사람을 믿는다는 점도 기분 좋고요"

판매원 하나 고용하지 않은 불친절한(?) 사과 장수를 두고 기분이 좋아진단다. 그 이후에도 반응은, 그리고 대답은 모두 똑같았다.

30분용 녹화 테이프를 여섯 개나 소모하고 나서야 주인으로 보이는 이를 만날 수 있었다.

"사과 주인이신가요?"

짐짓 걱정이 되어 나도 모르게 그의 팔을 잡고 있었다. 카메라를 보고 자꾸만 고개를 돌린다. 무슨 사연이 있는 것일까.

"저 인터뷰하면 안 돼요. 주변에서 이거 하는지 아무도 몰라요."

두 손으로 얼굴을 가리며 그가 말했다. 얼굴은 안 찍고 목소리는 변조하겠다는 약속을 했다. 그제야 그는 두 손을 내리고 얼굴을 보여주었다. 남대문에서 액세서리 도매를 하는데 새벽에 주로 일을 하다 보니 낮 시간이 한가했단다. '일본 무인 가판대 성황'이라는 기사를 보고 그날로 황학동에서 중고 수레를 15만 원에 사고, 영등포 청과물 시장에서 사과 두 박스를 샀단다. 어디로 갈까 고민을 하다가 그래도 배운 사람들이 양심적이지 않을까라는 정말 단순한 생각으로 여의도에 입성했고, 여기저기 요일별로 돌아다닌단다. '뭐 이런 사람이 다 있지?' 이어지는 대답이 가관이다.

"다 날려봐야 한 20만 원인데요⋯."

한데 들을수록 이 양반의 시스템이 놀라웠다. 새벽 3시에 기상해서 남대문 액세서리 영업장을 4시에 오픈. 오전 일이 대략 10시쯤 끝나면 바로 영등포로 가 사과를 사고 리어카를 찾아 11시 30분경에 자리를 편다. 돈 통에 잔돈을 채워놓고 식사를 하고 다시 남대문으로 돌아갔다가 5시경에 돌아와 매장(?)을 철수한다. 그에게는 "하루에 몇 시간 주무세요?" 같은 우스꽝스러운 질문은 불필요했다. 대신 모두가 궁금해하는 질문을 던졌다.

"계산은 늘 맞으세요?"

"그게 참 이상해요. 돈이 더 들어 있으면 들어 있지 모자란 적은 없거든요."

편집을 하면서도 피곤한 줄 몰랐다. 아! 시스템, 어떻게 만드느냐고? 여기 또 하나의 기가 막힌 사례가 있다.

정릉으로 가보자. 아리랑 고개를 오르는 언덕 중턱에 정덕 초등학교가 있고, 건너편 버스 정류장 바로 앞에 문제의 떡볶이집이 있다. 쫀득쫀득한 쌀떡볶이에 어묵도 가시가 씹히는 싸구려를 쓰지 않는다. 국물 맛도 기막혀 해장용으로도 손색이 없다. 김밥은 또 어떻고! 연근조림의 간이 제대로니 김밥의 만족도가 배가 된다. 튀김은 더 예술이다. 버스 정류장 앞 조그만 분식집답지 않게 주문을 받으면 그제야 기름 솥에 튀김 재료를 넣는다. 하도 바삭거려서 기다리는 시간이 지루할 틈이 없다. 1~2인분 살 때는 용기가 나지 않아 덤 달란 소리를 못 했는데, 임신한 아내와 아이들 그리고 처제와 함께 먹을 생각으로 2만 원 가까이 주문을 한 적이 있다.

"이모, 단골인데 떡 사리 몇 개만 더 넣어주세요."

"저희는 정해진 개수대로만 드려요."

두어 평 되는 가게에 앉아 있던 엄마와 아이들이 동시에 쳐다보는 바람에 얼굴이 화끈 달아올랐다. 그런데 어라? 표정들이 재밌다. '무슨 남자가 쪼잔하게…'가 아니라 분명 '용기가 대단하시네요!'였다. 본인들도 다 겪은 일인 것처럼. 내게 면박을 준 아주머니에게 한소리 하려는데 벽에 붙은 현수막이 보인다. '혹시 실수가 있었다면 전화주세요. 011-000-0000.' 불현듯 궁금해졌다.

"저거 사장님 전화번호인가요?"

"네, 저희 사장님 얼마나 정확한데요. 덤이라도 드려서 계산이 안

맞으면 저희 잘려요."

사연이 있었던 게야. 캐묻기 시작하니 술술 털어놓는다. 그 집 사장은 아침에 그날 팔 분량의 재료와 양념들을 내려주고 어디론가 간다. 들리는 소문에는 이런 시스템의 매장을 몇 개 더 가지고 있단다. 그래, 좋은 재료로 최상의 맛을 만들어내고, 이런 시스템을 개발했다면 그도 그럴 만하겠지. 납득이 갔다. 일하시는 아주머니들이 이구동성으로 외친다.

"저희한테는 저 현수막이 CCTV예요."

까르르 까르르. 나도 질세라 껄껄거리며 돌아섰다.

신촌 상권 다 죽었다고 여기저기서 자영업자들의 비명이 이어지는데 장사가 잘되어 지갑이 터지도록 현찰을 넣고 다니는 김학철 사장을 만난 건 그가 운영하는 지하의 맥줏집에서다. 인테리어도 그냥 그렇고 안주도 달랑 세 개밖에 없는데 매일 밤 손님들로 바글댄다. 그의 정식 직업은 모 법무법인의 사무장. 낮에는 열심히 사람들 살리러 다니고 저녁에는 이 아지트로 돌아온다. 그도 시스템에 대해 언급을 한다.

"김 형, 원가율을 30%로 잡는 장사는 끝난 지 오래예요. 덜 남기고 많이 팔아야죠. 그래서 안주도 세 가지만 세팅했어요. 알바가 오는 날도 있지만 대부분은 저 혼자 감당해요."

2003년 12월에 시작된 이 가게는
모든재료를 주인이 직접 만들어 직원이
판매하는 방식으로 운영되고 있습니다.

항상 깨끗하고, 맛있고, 친절하게
모시려 노력하고 있습니다.

바쁠 때 혹시 실수가 있었다면 전화
주십시요. 즉시 시정하겠습니다.

주인 010-████-████

0.5창업,
무리하지 않을 정도의 영업시간과 인력을
얼마나 효율적으로 배치하느냐가 관건이다.

그게 가능할까? 찬찬히 뜯어보니 납득이 갔다. 작은 맥주병이니 잔이 필요 없고, 안주들은 밀폐용기 네 개에 담아놓아 주방도 클 필요가 없었다. 세련되고 화려하진 않지만 아늑한 분위기다. 하루에 팔리는 맥주를 물으니 평균 200병이란다. "곧 빌딩 지으시겠네요." 농을 쳤더니 정색한다.

"시간관리, 영업관리가 만만치 않아요. 그래서 저만의 시스템을 만들었어요. 다들 맛있는 점심 찾아다니지만 전 도시락이나 김밥으로 때워요. 대신 낮 시간에 저녁 장사 주문하고 배달 받고…. 이걸 1시간 안에 끝내도록 짰어요. 정착하는 데 2년 걸리더군요. 무리하면 한 번에 무너지니까 익숙해질 때까지 묵묵히 걸어왔어요. 지난달에 바를 하나 더 오픈했고 열심히 뛰다 보면 프랜차이즈까지 갈 수 있지 않을까요? 그때는 많이 좀 도와주세요."

말이 통하고 배울 수 있는 친구가 하나 더 생기는 순간이었다.

0.5 창업은 단순한 의미에서의 부업이나 투잡이 아니다. '시간이 남으니까 한번 덤벼 볼까'가 아니라는 말. 핵심은 시간관리와 영업관리 그리고 가족관리에 있다. 시간을 제대로 분배하지 못해 몰리기 시작하면 양쪽에서 금이 갈 테고, 직원과 고객들을 관리하지 못하면 문을 닫는 날이 속출할 것이다. 일 때문에 피곤하고 치여서 가족들에게 성질이라도 내는 날에는 주민등록등본에서 가장의 이름이 사라질지도 모를 일이다. 그래서 본인의 노력과 주변의 응원이 맞아떨어져야 성공의 단

맛을 볼 수 있다. 무리하지 않을 정도의 영업시간을 정하고, 인력을 배치해보자. 그리고 가족들과 상의하고 또 상의해라.

P. S.

0.5 창업에 어울릴 만한 업종을 꼽으라면 세계맥주 셀프바를 1순위로 꼽고 싶다. 와바의 성공신화에 도전하는 새로운 브랜드들이 속속 등장하고 있다. 맥주를 대낮에 마실 사람이 별로 없다 보니 영업시간은 오후 5시부터 새벽 1시 정도까지가 좋다. 8시간 영업이라면 힘을 비축할 수 있고, 직접 가져다 먹는 셀프 방식을 도입하면 인건비도 많이 줄일 수 있다.

주변에 전 맛을 제대로 낼 수 있는 어르신이 계시다면 점심 장사를 하지 않는 전 집도 추천하고 싶다. 대신 0.5 창업이니 전은 10종류 이내로, 탕은 딱 두 가지로 하는 것이다. 하나는 가장 쉽게 맛을 낼 수 있는 조개탕, 다른 하나는 김치를 바닥에 깔고 전을 빙 둘러 바글바글 끓여내는 전 찌개. 주문과 동시에 부치는 전이 가장 맛있지만 인건비를 줄이려면 하루 팔 분량을 미리 초벌로 지져놓고 손님이 오면 계란 옷을 입혀 다시 부치는 방식을 선택해야 한다. 전국 달인들에게서 배운 노하우니 믿어도 좋다.

PART 4

숨겨진
10%의 마진을
찾아라

인건비 걱정 안 해도 되는 영업 관리의 비밀

알루미늄 호일로
150만 원
절약하기

- 부산 초량동 〈은하갈비〉, 한남동 〈해남갈비〉

햄과 소시지가 없으면 제대로 식사를 못하던 나의 '초딩' 입맛이
바뀐 건 대학 입학과 때를 같이한다.

신방과가 아니라 '술방과'로 불리던 시절, 선배들과 같이 대포집
을 가는 건 여간 고역이 아니었다. 쉬어빠진 김치와 돼지비계 몇 점
이 겨우 헤엄을 치던 김치찌개, 쇼트닝에 새까맣게 튀겨 비스킷처럼
바삭거리던 고갈비(고등어구이), 삶지도 않은 두부 한 모를 얄팍하게 썰
어 볶은 김치 주위로 둘러내던 두부김치가 전부 1,000원이던 시절이
었다.

'일배일저—杯—箸.'

술 한 잔에 안주 한 젓가락이란 원칙은 잔인하기 그지없었다. 이

를 어기기라도 하는 날에는 묵직한 꿀밤 혹은 인신공격보다 더 폐부를 찌르는 욕지거리를 뒤집어 써야 술자리에 남아 있을 수 있었으니.

생맥주를 마시는 것이 이 땅의 고통 받는 농민과 노동자들에게 상처를 주는 부르주아적 행위라고 부르짖던 험악한 분위기였기에 졸업한 선배들이 월급 턱 낸다고 찾아오기 전에는 돈이 있어도 맥줏집 문턱을 넘지 못했다.

설령 그런 행운을 얻었다 하더라도 500cc 잔에 그려져 있던 88올림픽 마스코트 호돌이의 배꼽까지 원샷을 해야 번데기 두 점을 포크에 찍을 수 있었다.

그렇게 굶주리던 나와 동기들이 눈이 빠져라 기다리던 선배가 있었으니, MBC 〈일요일 일요일 밤에〉의 작가 이홍주였다. 100kg이 넘는 거구인 이 선배는 두 달에 한 번 꼴로 후배들에게 고기를 사줬다. 사각형의 철판 위에 알루미늄 호일을 깔고 동그랗게 말린 냉동 삼겹살을 구워 기름소금에 찍어 먹는데…. 그 맛이 혀를 삼킬 정도로 끝내줬다. 고기는 참숯에 구워야 제맛이라고? 모르는 소리. 진정한 고기 마니아는 석쇠 사이로 빠지는 근지방도 아까워한다. 게다가 밥까지 볶은 다 쓴 호일은 주먹만 하게 구겨 쓰레기통에 던져버리면 그만이니 인력과 시간을 단축할 수 있는 매력도 가지고 있다. 얼마나 줄일 수 있느냐고? 부산 초량동의 돼지갈비 골목으로 GO GO GO!

원조 격인 은하갈비의 영향으로 한때 40여 집에 가까운 돼지갈비 집이 성행했지만 이제는 돼지갈비 골목이라는 타이틀이 무색하리만 치 손님이 줄었다. 한데 딱 한 집 앞에만 손님들이 줄을 선다. '은하 갈비'다. 새벽밥 먹고 출발해 무서운 속도로 밟았는데도 도착하니 오 후 2시 경. 가게 앞에 주차를 하고 창문 너머를 기웃거리는데 직원으 로 보이는 아주머니들이 빙 둘러 앉아 깔깔 대고 있다. 유명식당에서, 그것도 대낮에 '고스톱질'이라니!

내 판단이 얼마나 어리석었는지 알아차리는 데는 그리 오랜 시간 이 걸리지 않았다. 창업주 할머니와 며느리들 그리고 직원들이 도란 도란 모여 있던 이유는 바로 알루미늄 호일을 접기 위함이었다. '접는 다'는 표현에 고개를 갸우뚱할 분들 있으시겠지!

그들은 호일로 불판을 만들고 있었다. 한 명이 60cm 길이로 호일 을 북북 잘라대면 나머지 사람들이 네 면을 3~4cm 높이로 낮은 벽 을 만들 듯 세운다. 그리고 네 귀를 암팡지게 접어 '호일 불판'을 완성 하는 것이다. 손에 익어서인지 호일에는 눈길도 주지 않는다. 이 땅 의 어머니들답게 맞장구를 칠 때는 옆 사람의 허벅지를 퍽퍽 때려댔 는데 그 모습이 흡사 화투장을 내리치는 듯해 생긴 오해였다.

"하루에 몇 장이나 접으세요?"

"한 200장? 주말에는 300장?"

오호라. 불판 한 장에 평균 2.5명을 잡으면 대략 방문 고객 수가 나오는군. 거기에 객단가를 곱하면… 그리 크지도 않은 갈비집에서 일 매출 400만 원, 많게는 700~800만 원 정도 된다. 수학 성적은 엉망이었지만 매출 계산은 어찌 이리도 쉽고, 빠른지.

이 매출을 단순하게 매출로 생각하면 안 된다. 무슨 말인고 하니, **알루미늄 호일을 불판으로 사용하면 주방에서 가장 힘들다는 불판 설거지를 담당할 인원의 인건비를 줄일 수 있다는 얘기다. 하루 200~300장의 불판을 책임질 근육이 울퉁불퉁한 '용사'를 고용하는 데 드는 170만 원 정도**(지역에 따라 다를 수 있다)**의 고정비가 절약되는 셈.** 이 비용을 벌려면 적어도 한 달에 400~450만 원 정도의 추가 매출을 올려야 하는데, 이게 절약되니 결과적으로는 월 매출에 이만큼이 추가된다는 결론이 나온다. 끝을 알 수 없는 불경기에 하루에 10~15만 원의 매출을 더 올리기가 얼마나 어려운지 자영업을 하고 있는 분들이라면 충분히 이해할 것이다.

아무튼 손님이 없는 시간에 호일 불판을 접고 고스란히 수익으로 연결시키는 아이디어에 난 두 손 두 발 다 들었다. 근데 이 아이디어도 그냥 나온 것이 아니란다. 원래는 연탄을 사용했는데 인체에 미치는 부작용이 매스컴에서 보도된 후 가스불로 바꿀 수밖에 없었고, 그때까지 사용하던 구멍 뚫린 무쇠 불판을 버리기가 아까워 궁여지책으로 생각해낸 것이 바로 알루미늄 호일이었단다. 처음에는 갈비 국물이 줄줄 흘러 가스불이 꺼지기 일쑤였지만 호일판 옆에 각을 세우고 난 뒤부터는 이런 불편도 사라졌다고 한다.

다음은 한남동의 전설 '해남갈비'. 원래 오삼불고기하면 횡계의 강원도 '납작식당'을 떠올리는 식도락가들이 많을 것이다. 짭조름하면서 달달한 이 집 오삼불고기는 중독성이 강해 용평 스키장을 찾는 스키어들과 관광객들에게 명소로 꼽히는 집이다. 조금 스타일이 다르긴 하지만 서울에서도 이에 버금가는 맛을 즐길 수 있는 곳이 있어 그저 감사할 따름이다.

10여 년 전 처음 이 집에 대한 칼럼을 썼을 때만 해도 1시간씩 기다려야 하는 수고로움은 없었는데 세월이 갈수록 손님이 늘어 요즘은 매일 밤 가게 앞이 장사진이다. 기다리는 동안 밀린 통화도 하고, 스마트폰을 만지작거려도 보지만 좀처럼 대기 줄이 짧아지지 않는다. 어찌어찌 자리를 잡고 앉아 주문했다. 깔린다. 사각 철판 위에 알루미늄 호일이, 그리고 발갛게 양념된 고기들과 데친 콩나물이, 프리즘처럼 색이 오묘하게 섞여 있는 파 채와… 그리고 당면. 와우! '오삼불고기 종합선물세트' 같다.

워낙에 불이 세고 호일이 얇다 보니 바글바글 끓는 데 걸리는 시간이 길지 않다. 처음 이 집을 찾는 이들은 착하게(?) 그대로 흡입하겠지만 단골들은 다르다. 애교를 부리며 콩나물과 파 채를 더 부탁해

고기는 참숯에 구워야 제 맛이라고?
모르는 소리다.
진정한 고기 마니아는
석쇠 사이로 빠지는 근지방도 아까워한다.

고기판에 붓고 마구 섞어준다.

'그래, 돈을 버는 데는 다 이유가 있는 거야.'

통통하게 씹히는 오징어와 기름진 돼지고기를 콩나물과 숨죽은 파 채로 감싸 혀로 옮긴다. 캬야아아~ 다시 태어나면 나도 오삼불고기 집 하나 차릴까? 고기를 다 먹고 마지막 밥을 볶을 때까지 알루미늄 호일이 찢어지는 일은 드물다. 가끔 바닥의 누룽지를 긁다가 낭패를 보는 경우가 있긴 하지만 인간의 손에는 굉장히 섬세한 센서가 달려 있어서 철판과 알루미늄 호일, 그리고 누룽지 사이의 간격을 예리하 게 감지해낸다. 만에 하나 찢어진다 해도 호일이니 업주 측에서 손해 볼 일은 전혀 없다.

청주의 '봉용불고기'나 횡계의 '납작식당'처럼 이 집도 상을 치울 때는 알루미늄 호일을 구기는 것으로 마무리한다. 두말할 필요 없이 고정비는 절감되고 수익은 그만큼 늘어난다. 매출을 더 올리기 위해 애쓰지 않아도 고기 굽는 방식 하나로 비용도 줄이고 수익도 늘리 고…. 꿩 먹고 알 먹고, 도랑 치고 가재 잡고, 누이 좋고 매부 좋고, 이래저래 득이 되는 게 바로 '알루미늄 호일 불판'이다.

P.S.

다 죽어가는 이 땅의 자영업자들 살려보자고 관찰한 것을 옮겨 적은 것이니 일회용품 사용을 종용했다고 신고하기 읎기여! 만약 이걸 가지고 법규를 위반했다는 둥, 방조했다는 둥 왈가왈부하면 그 많은 대기업에서 찍어내고 있는 일회용품과 그 처리방안에 대해 칼럼 쓸 겨! 그리고 매일 방송에서 억울하다고 울어댈 겨!

셀프서비스의
수학적 분석

　부유했던 부모님 덕분에 신촌에서의 어린 시절은 싸이의 신곡 뮤직비디오에 나오는 주인공처럼 악동 짓의 연속이었다. 문방구에 새로 나온 '흔들어 샤프'도, 신촌 일대를 풍미했던 신촌상가(나중에 다주상가로 이름을 바꾸었다)의 '사라다빵'도, 미제 상점의 크래프트 치즈도…! 먹고 싶은 게 있으면 먹고, 가지고 싶은 게 있으면 가지면 그만이었다.

　하지만 난 신촌에 사는 게 정말 싫었다. 학교까지 가려면 그야말로 '산전수전 공중전에 심리전'까지 치러야 했다. 마을버스가 없던 시절이라 대문을 나서서 신촌상가 앞 버스 정류장까지 15분을 걷고, 당시 버스 중 최고의 '승객 밀집도'를 자랑하던 139번 버스나 588번 버스를 탄 다음 동동 떠서 명동 입구까지 '55분'을 간 다음, 남산 리라 국민학교까지 다시 5분을 걸어야 했으니 지금 생각해도 정말 지긋지긋하다.

'1시간 15분! 그래도 부모님께서 '쌔빠지게' 벌어 보내주시는 학교니 열심히 다녀야지.' 늘 다짐해보건만 교문 앞에 정차한 로얄살롱에서 내리는 친구 녀석들을 보면 속절없이 맥이 빠져버리곤 했다.

내 친구들의 대부분은 국회의원, 검경 고위 공직자, 유명 기업, 그리고 연예인의 자제들이었다. 박정희 대통령을 시해했던 김재규 중앙정보부장의 아들은 4학년 때 짝, 가수 박형준 선생님의 딸은 5학년 때 짝, 원로 배우 고은아 선생님과 가수 김상희 선생님도 다 내 친구들의 어머니였다. 그러다 보니 사실 학교에서는 살짝 기죽어 지내는 편이었는데, 그 상황을 빤히 알고 계신 부모님은 기죽지 말라며 용돈만큼은 누구에게도 밀리지 않을 만큼(?) 두둑히 챙겨주셨다.

어려서부터 유명했던 식탐(!)인지라 학교 앞 문방구의 떡볶이만으로는 해소가 되지 않았다. 리라 국민학교에서 롯데백화점까지 가는 길거리는 발목을 사로잡는 엄청난 먹을거리들이 포진하고 있었으니, 연탄불로 구워주는 도톰한 쥐포, 소시지가 박힌 까슬까슬한 핫도그, 야바위꾼처럼 돌려대던 번데기, 기름에 튀긴 당면 반 후춧가루 반의 야채호떡(표준어는 채소가 맞는데 호떡에는 아무래도 야채가 잘 어울린다) 등이 그 주인공이시다. 이들을 지날 땐 바닥만 보고 걸어야 한다. 왜냐고? 마음이 흔들릴까 봐. 그래야 실패하지 않고 '햄버거의 성' 롯데리아에 도

착할 수 있다.

당시만 해도 치킨이라는 것은 동네 어귀 닭집에서 생닭을 토막 내어 말 그대로 커다란 기름 솥에서 튀겨내는 것이 전부였는데, 롯데리아의 치킨은 달랐다. 여기서 잠깐! 우리가 지금 먹고 있는 프라이드치킨의 도입자는 김정수 여사다. 외국계 대기업이 이 땅에 상륙하기 전 미국에서 기계까지 공수해다가 아메리칸 스타일의 프라이드치킨을 튀겨내 갈고리로 돈을 긁은 장본인이다. 물론 롯데리아의 출현으로 그 이름이 무색해졌지만.

아무튼 롯데리아에서 먹던 프라이드치킨은 혀를 놀라게 하기에 충분했다. 뜨끈한 녀석을 한 입 베어 물면 살이 보드랍게 떨어지면서 머금고 있던 기름과 수분이 동시에 뿜어져 나오는데 정신을 차리기 어려웠고, 잡고 있던 손가락을 소리 내며 쪽쪽 빨아야 겨우 자리를 뜰 수 있었다. 햄버거는 또 어떤가. 도대체 빵에다 무슨 짓을 한 거지? 동네 제과점 햄버거에는 댈 게 아니었다.

그때 처음 접했던 것이 바로 셀프서비스다. 계산대 앞에 서서 차례가 돌아올 때까지 주문할 항목을 외우고 또 외웠다. 왠지 발음이 틀리면 촌스러울 것 같아 안절부절못하던 내 모습이 아직도 눈에 선하다. 유니폼을 입은 누나 앞에서 혀가 꼬부라질 정도로 굴렸다.

"햄버어~거 하나하고 후라이드 치퀸 한 피스 주세요."

어차피 같은 값이라면,
셀프서비스가 선택지가 될 수 있다.
인건비를 줄이고
식재료의 퀄리티로 감동을 선사하라.

치킨은 조각이라고 부르면 안 된다는 강박증이 있어 꼭 '피스piece'
라는 단어를 썼다. 윤문식 선배가 들었더라면 "이런 싸가지 없는 자
식 같으니라고!" 하고 한소리 하셨겠지만, 그때는 그게 매너이고 에
티켓인 줄로만 알았으니 치기어린 그 시절, 웃음이 난다.

각설하고 셀프서비스를 처음 만난 곳이 바로 롯데리아였다는 얘
기다. 주문을 하고, 돈을 내고, 마이크로 부르면 가져다 먹는 것이 익
숙지 않던 시절. 그것이 세련된 것이고 앞서가는 것이라 모두가 믿었
다. 엄청난 상술이 숨어 있는 줄도 모르고.

원래는 이렇다. 홀 직원 인건비를 줄이는 대신 판매가를 낮추거나
식재료를 더 제공하는 것이 바로 셀프서비스의 정신이다.

계산 방법은 이렇다. 물심부름하고, 추가 반찬 서빙하느라 필요한
한 명의 아르바이트(일반적으로 5~6개 테이블 담당을 기준으로 한다) 시급을
5,500원으로 잡고, 시간당 손님이 40명 방문한다고 치면, 아르바이트
가 두 명 필요하고 이들의 시급 11,000원을 40명으로 나누어 한 명의
고객당 275원의 식재료비를 더 돌려주는 것이다(편의상 1시간의 인건비만
계산했다).

당연히 경쟁 식당에 비해 푸짐해질 테고, 고객들의 만족도는 높아지겠
지. 그렇지 않은가! 원가 275원이면 냉국 한 대접, 계란프라이 한 개, 김 한
접시, 추억의 소시지 세 점, 믹스 커피 두 잔 반, 식후 디저트용 요구르트 두

병, 공기 밥 한 그릇 등 고객을 감동시킬 수 있는 서비스를 얼마든지 제공할 수 있다.

대신 고객 입장에서는 직접 가져다 먹어야 하는 수고스러움이 수반되니 그에 상응하는 친절함이나 추가 서비스를 이어나가야만 승부를 걸 수 있는 전략이다. 이런 차원에서 볼 때 추가 채소를 무한리필해 먹을 수 있는 '팔색삼겹살'이나 일본의 '푸드 스타디움'처럼 이자카야 푸드코트를 도입한 '코다차야', 소스와 피클 등을 알아서 가져다 먹는 '세미 셀프서비스' 시스템으로 젊은 층을 공략하고 있는 안토니오 심 형님의 '안토니오' 등은 좋은 본보기가 될 수 있다.

앞서 서비스를 받는 손님 입장에서는 별거 아니라고 생각하겠지만 한참 손님이 몰려 정신없이 바쁜데, 얼음물 달라, 피클 달라 하면 이거 미칠 노릇이다. 경쟁 레스토랑에서 일부러 사람을 풀었나 하는 생각이 절로 날 정도로 진저리가 쳐진다고 한다.

군이 《성문기본영어》의 문장을 인용하지 않더라도 성공한 사업가들의 노하우는 아무리 훔쳐도 지나침이 없다고 본다. 식당 한 쪽에 셀프서비스 바를 만들고 냉장고에 고이 간직했던 오이도 깎아서 내고, 들기름으로 구운 수제 김도 내고, 간장에 조린 계란이나 메추리알도 내고, 얼갈이배추도 버무려 겉절이로 내놓자. 기왕이면 새로 지은 밥으로 가득 찬 전기밥통도 하나 올려놓고 말이다. 허리띠를 풀 정도로 푸짐하게 식사를 마친 손님들은 아마 홍어 암컷이 수컷을 달고 올라오듯 지인들을 끌고 와 단골이 될 것이다!

P. S.

당장 현찰이 돌지 않아 중고 반찬 냉장고 살 돈도 없는 분이라면 황학동 중고 그릇 도매상으로 달려가보라. 폐업한 대형 레스토랑에서 쏟아져 나온 뷔페용 그릇이 당신을 기다리고 있을 것이다. 뒤집어가며 바닥까지 확인하다 보면 신라호텔 한식당 마크가 찍힌 백자 대접도 만날 수 있는데 대개 한 개의 가격이 1만 원을 넘지 않는다. 망한 집에서 나온 것이라 찜찜하다고 생각할 필요 전혀 없다.

어차피 주인은 따로 있는 물건이라 생각하고 살균 소독하고 아끼고 또 아껴 그릇에게 주문을 걸자.

'맛있어져라! 맛있어져라!'

그리고 반짝거리는 그릇에 당신의 마음을 담은 음식을 정성껏 담아 손님께 대접하자. 275원이 당신을 춤추게 할 것이다.

아내와 자식을
바꿀 수 없다면
영업시간이라도 바꿔라

- 용두동 〈어머니대성집〉

내 입으로 이건희 회장 이야기를 꺼내리라고는 상상도 못했지만, 어쨌든 소위 '프랑크푸르트 선언'이라 불리는 사내 연설에서 이 회장은 "마누라와 자식 빼고 다 바꿔라."라고 주문했다. 1993년도의 일이니 벌써 20년 전이다.

지금이야 자타공인 세계 초일류 그룹이 되었지만 당시만 해도 아시아 대표 정도였던 삼성이 이 선언을 발화점으로 활활 타오르기 시작했다. 그래서 이 회장의 주문이 더 주목받은 게 아닐까 싶기도 하다. 대부분 기사의 메인 카피로만 활용되다 보니 그 뒤의 주옥같은 이야기는 잘 알려져 있지 않다.

"바꾸려면 철저히 바꿔. 극단적으로 얘기해서 농담이 아니야. 마누라 자식 빼고 다 바꿔봐. 2류 내지 2.5류, 잘 해봐야 1.5류까지는 갈 수 있을지 모르겠다. 그러나 1류는 절대 안 된다 이거야. 지금 안 변하면."

신경영 선언에서 언급한 내용이어서 그런지 각오가 남다르다. 지적은 날카로워야 먹히고, 미래 비전은 뚜렷하게 그려줘야 아랫사람들이 따라올 수 있다. 특히 마지막 문장은 김유진도 흥분하게 할 정도로 짧고 강렬하다.

'지금 안 변하면.'

그렇다. 변화할 거라면 당장 시작하는 게 좋다. 질질 끌 필요가 없다. 잘못된 건 뜯어 고치고 잘된 건 보듬어 품에 안고 가는 게 변화의 기본이다. 그래서 이 중요한 변화를 외식업에서 시도해보고자 한다.

내게 《심야식당》이라는 만화책과 드라마를 소개시켜준 사람은 일본 TV 아사히의 와이드쇼 〈와이드 스크램블〉의 책임 프로듀서인 모리배 형이다. 나에게 정말 잘 어울리는 내용이라면서 읽기를 종용했다. 국내에도 이미 번역본이 나와 있었기에 어렵지 않게 구할 수 있었고, 선 채로 20분 만에 독파했지만 소장 가치가 있다는 생각에 교보문고의 매출을 약간 올려준 기억이 있다.

주인공 가게가 '심야식당'이라 불리는 이유는 밤 12시에 문을 열어 아침 7시 경까지만 영업을 하기 때문이다. 멀쩡히 '메시야'라는 가게 이름이 있는데도 오가는 사람들은 그저 심야식당이라고 부른다. 밥도 팔고 술도 파는 작은 대포집이 배경이다. 매회 본격적으로 드라마가 시작되기 전 타이틀처럼 반복되는 영상에서 이 집 주인장은 의미 있는 자문자답을 한다.

"손님이 오느냐고요? … 그게… 꽤 많이 와."

마스터(주인장)의 담백한 내레이션이 시청자들을 들썩이게 만든다. 손님들의 면면도 재미있다. 야근을 한 샐러리맨에서부터 캬바쿠라(단란주점)에서 일하는 아가씨들, 오카마(여장 남자), 신문배달원, 그리고 아무리 봐도 섹시하지 않은 스트리퍼까지 온갖 인간 군상들이 배가 고파서, 정이 고파서 심야식당을 찾는다.

돈지루(돼지고기와 감자, 당근 등을 기름에 볶다가 미소를 풀어 넣어 끓인 돼지고기 된장찌개)가 메인 메뉴지만 재료만 있으면 손님이 찾는 요리들을 그때그때 별식으로 내놓는다. 요리 만화이다 보니 초간단 일본 가정식과 안주들이 매회 하나씩 등장한다.

만화를 보면서, 그리고 드라마를 보면서 불경기 아이템으로 '딱'이다 싶었다. 주인 혼자서 요리와 서빙을 감당할 수 있는 실내 공간도 마음에 들고, 일반인은 엄두도 못 낼 심야에 딱 6시간만 영업을 하는 운영방식도 눈에 확 들어왔다.

'이거다!' 싶었는데, 인간의 아이디어는 다 거기서 거기인 모양이다. 만화와 드라마로 인기가 높아지자 한국에서도 아예 '심야식당'이라고 명명한 선술집들이 하나둘 생기기 시작했다. 그뿐 아니다. 만화에서 조연 역할을 톡톡히 했던 음식들을 메뉴로 내는 집들까지 생겨났다. 그래 기왕 바꿀 거면 싹 다 바꾸는 거야. 영업시간을 바꾼다는 아이디어는 정말 기가 막혔다.

몇 달 전 마포 서교호텔 뒤에 참치 전문점이 하나 생겼다. 이춘복참치라는 공룡과 붙기 위해 나름 애쓴 흔적이 곳곳에서 묻어났다. 하지만 오픈 직후 고전을 면치 못했다. 상권을 잘못 읽은 것이다. 오전에 문을 열고 자정 무렵에 문을 닫았는데 그 주변 샐러리맨들이 찾아주질 않았다.

영업시간이 잘못 세팅됐다는 사실을 알아차리는 데에는 그리 오랜 시간이 걸리지 않았다. 매출이 아예 오르질 않으니 본사에서 분석에 들어갔고, 그 동네 손님들은 대개 자정을 넘기고 나서야 어슬렁거린다는 사실을 찾아냈다. 곧바로 영업시간 조정에 들어갔다. 점심 장사는 포기하고 오후 4시에 문을 열어 새벽에 닫는 걸로. 그러자 손님들이 서서히 차기 시작했고 이춘복 참치와 어깨를 견줄 정도는 아니지만 자리 잡아가고 있는 것이 눈에 보인다. 단지 영업시간만 바꿨을

뿐인데….

영업시간은 장사의 핵심이다. 대부분 10시 오픈 10시 마감을 원칙으로 하지만 지역 특성에 따라 탄력적으로 운영해야 하는 것이 바로 영업시간이다. 물론 24시간 영업을 하면 좋겠지만 아르바이트 비용조차 건지기 힘든 곳에서 새벽까지 문을 열고 있는 것도 바보짓이다.

잘 알겠지만 24시간 영업을 하기 위해서는 가게 주변에 사무실은 물론이고 유흥주점들이 포진해 있어야 한다. 그래야 초저녁에 파리를 날리더라도 업소에서 짓궂은 손님들을 상대하느라 이를 꽉 깨물었던 아가씨들과 총각들을 받을 수 있다. 하루 매출의 2분의 1을 새벽 2시부터 아침 8시까지 올리는 집들이 한둘이 아니다. 주택가에 자리 잡고 있다면 상상도 못할 발상이지만 올빼미족들이 밀집되어 있는 곳이라면 시도해봄 직하다. 외진 곳에 자리해 있으면서도 기상천외한 영업시간으로 아무런 경쟁 없이 독주하고 있는 곳이 있어 소개하고자 하니 안전벨트 단단히 매시길.

고대입구나 후문의 상권은 불철주야 네온사인을 밝히고 있어 밤낮이 따로 없지만 조금 떨어진 용두동은 인적이 드물어 여자 혼자 다니기 무서운 곳이다. 이 주택가 언저리에 '어머니대성집'이 있다. 오후 9시부터 다음날 오후 4시까지, 대개의 식당들이 피크타임이라 일

켣는 저녁 시간을 쏙 빼놓고 영업하는 것을 원칙으로 한다.

이 집 단골들은 정말 다양하다. 택시기사도 있고, 밤새 순찰을 돈 경찰도 있고, 병문안 간다고 밀폐용기 들고 오는 이도 많다. 뭐니 뭐니 해도 새벽녘에 자리를 꽉꽉 채워주는 고마운 손님들은 맛 좀 안다는 주당들이다. 1차, 2차 달리다가 좌중을 이끌고 마지막 차를 달리러 들르는 이들이 가장 충성스런 고객들이다. 이들은 해장국만 달랑 시키는 경우가 드물고, 등골이며 수육, 육회 등을 시켜 못 채운 술 배를 달래고 자리를 뜨기 전 뜨끈한 해장국 국물을 위장약 삼아 쓰린 속을 달랜다.

영업시간과 차별화된 메뉴에서 이 집은 분명 독보적이다. 불판을 이용해 굽거나 찌지 않기 때문에 상차림에도 많은 시간이 걸리지 않는다. 해장국은 벌써부터 한 솥 펄펄 끓고 있으니 주문이 들어오면 한 뚝배기 퍼주면 그만이고, 등골이며 수육도 미리 준비할 수 있는 것들이라 손이 많이 필요치 않다. 그래서 아무리 손님이 많아도 이 집은 번잡하지 않다. 그저 스르르 미끄러지듯 손님과 식당 식구들이 소리 내지 않고 교차점을 통과한다.

해장국 또한 일품이다. 그저 얼큰하고 칼칼하게만 끓여내는 해장국을 생각했다면 크나큰 오산. 투박하지 않은 맑은 국물이 고급스럽고, 수북이 다져 올린 소고기 속 것들이 보는 이들을 설레게 만든다.

아무 곳에서나 하루 종일
먹을 수 있는 음식이라면
굳이 이 변두리까지
손님들이 찾아오겠는가?

선지도 어찌나 신선한지 찝찌름한 잡내도 없고 숟가락으로 꾹꾹
눌러보면 탱글탱글한 반동이 느껴진다. 육회를 시킬 요량이면 반 접
시만 먼저 안주 삼아 비우고, 나머지는 공기밥을 청해 육회비빔밥을
제조해 드셔보시라. 그저 영업시간만 가지고는 찾을 수 없는 해답이
보일 것이다.

달이 떠 있는 밤에만 영업을 하는데도 손님들이 찾는 이유는 뭘
까? 답은 간단하다. 이 시간에 이만한 음식을 맛볼 수 있는 곳이 없
기 때문이다. 아무 곳에서나 하루 종일 먹을 수 있는 음식이라면 굳
이 이 변두리까지 손님들이 찾아오겠는가?

당신도 치밀한 전략으로 영업시간을 설정하고 그 시간, 다른 곳에서는
도저히 맛볼 수 없는 그 무엇인가를 찾아낸다면 손님들에게 당당히 말할
수 있다.

"손님이 오느냐고요? … 그게… 꽤 많이 와."

직원들 때문에
당장 때려치우고
싶으시죠!

화제가 된 드라마 〈직장의 신〉을 보셨는지? 난리였다. 정확히 표현하자면 계약직으로 분한 '미스 김' 김혜수 씨 때문에 난리였다. 아무리 중요한 순간이 와도, 팀원들 모두가 그녀를 원해도 단호하게 이렇게 말한다.

"직장은 생계를 나누는 곳이지 우정을 나누는 곳이 아닙니다. 일을 하고 돈을 받는 곳이지 예의를 지키는 곳이 아니다."

"퇴근 시간이라서 그럼 이만!"

'직장'이라는 곳을 바라보는 눈은 업주와 직원이 다를 수밖에 없다. 미스 김의 어록을 빌려 썼지만 계약직, 정규직의 문제가 아니다.

분명 한 자리에 서 있지만 바라보는 곳은 엄연히 다를 수밖에 없다. 업주는 적은 비용으로 최대치의 효과를 보고 싶어 한다. 피고용인과 는 180도 다른 입장이다. '사장님'에게 급여를 받는 종업원은 일은 덜 하고 많이 받고 싶어 한다. 그래서 늘 갈등이 존재한다. 식당은 매일 매일 '오 수정' 촬영장이다.

사장 :

오늘은 '대목'이다. 틀림없이 손님이 몰릴 터이니 최대한 매출을 올리기 위해 필사적으로 뛰자. 회전율을 높이면서도 비용을 줄이려면 아들 녀석을 불러야 하는데 시험이란다.

1,000원이라도 절약할 수 있는 아르바이트를 부르자. 전화번호부 를 뒤져 재식이, 영주, 민섭이, 하경이한테 전화를 건다. 대답은 한결 같다. 지금 아르바이트도 정신이 없다고. '개똥도 약에 쓰려면 없다' 고 대목에는 아르바이트 구하는 것이 하늘에서 별 따기다. 치사한 녀 석들 같으니라고. 내가 친자식처럼 얼마나 애정을 가지고 대해줬는 데…. 할 수 없다.

마지막 보루, 파출부 사무실. 대목에 연락을 하면 대개 웃돈을 요 구하는데…. 오늘은 그냥 보내주겠다며 인심을 쓴다. 웬일이지? 아침 부터 출발이 좋다. 식재료를 공급해주는 '김해농산' 사장이 직접 배 달을 왔다. 평소보다 두 배 가까운 주문에 아주 싱글벙글이다. 주방에 척척 쌓이는 재료들을 보고 있자니 미소가 절로 나온다. 티를 낼 수도 없고….

자리를 피하자. 은행 줄이 유난히 길다. 치킨집 김 사장도 보이고, 아구찜집 매니저 이 양도 보인다. 그렇지. 준비하는 자만이 기회를 얻을 수 있다. 잔돈이 있어야 실패가 없는 법. 1~2년 장사하는 것도 아니고, 역시 선수들은 달라도 뭔가 다르다. '초짜'들이 이런 노하우를 알 리 없다.

가게의 호출 전화를 받고 눈썹이 휘날리도록 뛴다. 혹시 사고라도…. 에이 말이 씨가 된다. 좋은 방향으로 생각하자. 머피의 법칙도 아니고 왜 슬픈 예감은 틀린 적이 없는 걸까? 주방 실장이 무엇 때문에 씩씩 거리는지 대충 짐작이 간다. 웃돈이 없었던 데는 다 이유가 있었다. 70대 노파를 보내줬다. 아, 미치겠다. 없는 것보다는 나을 테지.

점심부터 몰아닥친 손님이 끊이질 않는다. 이럴 땐 박카스에 우루사가 특효약. 쫙 한 바퀴 돌리고 내 입에도 털어 넣는다. 오늘따라 왜 이리 박카스가 달까? 혀에 착착 감긴다. 우루사가 식도를 타고 내리는 이 기분! 캬아아~ 살아 있네, 살아 있어!

퇴근시간이 지난 지도 벌써 두 시간. 스텝들 불만이 이만저만이 아닐 텐데. 실장 3만 원, 나머지는 2만 원 택시비를 준비하는 센스. 장사는 감각이라니까!

"대충들 치우고 어여 들어가."

일부러 목소리에 자상함을 싣는다. 한 명 한 명 가게 문을 나설 때 주먹에 숨겨둔 택시비를 쥐어준다. 나만큼 자상한 사장이 또 있을까! 마지막 멘트도 잊지 않는다.

"푹 쉬고…. 내일은 그냥 1시까지 출근해!"

종업원 :

왜 어김없이 '대목'은 돌아오는 걸까? 오늘도 어마어마한 손님들이 들이닥칠 터이니 체력 안배에 신경을 써야 한다. 죽어라 일을 하고 몸살이라도 나는 날에는 불호령이 떨어질 테고, 나만 엄살을 피운다고 핀잔이 날아올 게 틀림없다.

작년처럼 '뭣도 모르는' 사장 아들이 날뛰지는 않겠지? 얌전히 공부만 하면 좋으련만 제 엄마 장사가 잘 되다 보니 호시탐탐 사장 자리를 탐낸다. 일손을 돕겠다는데 싫어할 이가 누가 있겠는가! 하지만 가게 시스템은 전혀 고려하지 않은 채 무조건 소리만 지르는 모습이 영 아니올시다. 손님이 들어오면 자리 안내하고, 물 하고 메뉴판 가져다주고, 주문 받으면 포스에 찍고 기다리면 되는데… 끓는 샤브샤브 국물에 찬 육수 붓듯이 자꾸 흐름을 끊는다. 오늘은 안 오면 좋으련만.

사장은 아무나 하나? 오늘도 주방 주제곡을 흥얼거린다. 역시 기분 전환에는 뒷담화가 최고야. 주방 뒷문이 열리며 식재료가 쏟아진다. 내 속을 아는지 모르는지 배달 온 김 씨가 싱글벙글이다. 매상 좀 올렸다 이거지? 아, 울고 싶다. 찬물에 채소를 때려 넣고 휘휘 젓는다. 10시 30분. 30분이나 지각을 한 노인 한 분이 살얼음 위를 걷듯 주방으로 걸어 들어온다. 대목인데 웃돈도 주지 않고 파출부를 불렀다고 했을 때 알아봤어야 했는데… 어림잡아 70은 넘은 것 같다. 무슨 일을 부탁한담? 사장한테 불평이라도 한 자락 늘어놓으려고 나왔는데 은행 갔단다. 타이밍 하나는 끝내준다.

"여보세요, 사장님. 저 실장인데요. 오늘 장사 안 하실 거예요? 서 있기도 힘들어 보이는 노인네가 왔어요. 설거지랑 정리는 사장님이 하실 거예요?"

일단 지르고 나니 답답한 속이 좀 풀린다. 시작도 안 했는데 어깨며 손목이 벌써 시큰거린다. 불평불만도 잠시, 주문이 밀려든다. 전골 냄비에 고기와 채소를 올리고 육수를 붓는다. 이골이 난 일이라 정신이 좀 없을 뿐 크게 어려움은 없다. 매출이 왕창 오르면 특별 보너스 좀 주려나. 이리 뛰고 저리 뛰다 보니 설거지는 산더미고 이모들도 모두 얼이 빠진 표정이다. 70대 노인의 뒷모습을 보고 있자니 답답하기도 하고, 미안스럽기도 하다. 난데없이 사장의 손이 입으로 향한다.

"아~ 해봐. 피로가 싹 가실 테니까!"

한번에 삼키기도 힘든 우루사와 들큰한 박카스다. 내가 제일 싫어하는 건데 안 먹는다 할 수도 없고. 겨우 넘긴 우루사가 목에 걸린 것 같다. 왜 약을 이렇게 크게 만드는 걸까? 위장병을 달고 사는 주방 식구들에게 박카스는 고통이다. 식도를 사포로 문지르는 것처럼 따끔거린다.

자정을 좀 넘어서야 일이 끝났다. 버스, 전철 다 끊겨졌는데… 물 먹은 솜이 되어 가게를 나서는데 주인이 방긋대며 손에 뭘 쥐여준다. 바스락거리는 것을 보니 돈이구나. 흰 봉투에 넣어주면 폼도 나고 좋으련만. 봉투 값도 아까운 모양이다. 3만 원! 이미 심야할증 붙었으니 택시비 2만 원 내고 나면 맥주 서너 병은 사겠구나. 오늘 하루 내가 벌어준 돈이 얼만데… 짜다 짜. 평소보다 130배는 나긋한 사장의 목소리가 먼발치에서 들린다.

"푹 쉬고…. 내일은 그냥 1시까지 출근해!"

웃자고 적은 이야기가 아니다. SBS 〈생방송 투데이〉의 코너였던 '맛을 탐하다' 촬영 중 맞닥뜨렸던 장면이다. 일을 하니까 급여를 지급한다는 주인장의 이야기에 소스라치게 놀랐다. 물론 맞는 주장이다. 직원은 노동력을 제공하고 업주는 이에 상응하는 금전적 보상을 하는 것이 고용계약이니까. 대부분의 갈등은 이렇게 시작이 된다.

하지만 장사의 신들은 다르다. 많이 다르다. 철저하게 '직원들이 돈을 벌어준다'는 생각을 잊지 않는다. 직원들의 기가 살고, 신이 나야 매출이 오른다는 사실을 간파하고 있다. 심지어는 매출을 전체 직원에게 공개하는 경우도 있다. 보험회사 영업사원들의 실적표처럼 모두가 볼 수 있게 공개를 하고 독려를 한다. 매출이 떨어지면 직원들이 먼저 긴장하기 마련이다.

계약 관계에서 존경을 이끌어내는 방법은 존경밖에 없다. 운영을 공개하고, 상의하고, 칭찬하라. 칭찬은 고래도 춤추게 한다고 했다. 칭찬은 매출과 직접적인 연관을 갖는다. 아낌없이 퍼주고, 아낌없이 칭찬하라. 매일 직원들을 칭찬할 것들을 한 가지씩을 찾아내라.

"아침부터 웃음소리가 정말 듣기 좋은데?"
"아이가 공부를 그렇게 잘한다지."
"실장님은 핑크색 입으면 공주 같아 보여."
"주차 담당이 예술이어서 손님 다 받은 거야."

칭찬도 훈련이 필요하다. 처음에는 칭찬거리를 찾는 것이 고통스러울지 모른다. 하다 보면 칭찬하는 스킬도 는다. 이 원칙만 따른다면 다음 달 결산 때, 최소 10% 신장한 매출 성적표를 받아볼 수 있을 것이다.

직원들에게 섭섭하고 아쉬운 점이 있다면 칭찬을 하고 난 뒤에 해도 늦지 않는다. 장사를 하면서 가장 멍청한 행동은 직원을 무시하는 것이다. 내 의견은 다 맞고, 직원들의 의견은 왠지 좀 떨어진다고 생각하는 이들은 절대로 성공하지 못한다. 칭찬은 매출을 춤추게 한다는 사실을 잊지 말지어다.

직원을
적으로 만드는
두 가지 비법(?)

2인 3각 경기를 아시는가? 왼쪽 사람의 오른발과 오른쪽 사람의 왼발을 한데 묶어 달리기를 시키는 아주 거시기한(?) 게임이다. 일부러 '거시기'라는 단어를 찾아 쓴 데는 이유가 있다. 이 게임은 누가 잘못했는지 슬로우 비디오로 돌려보기 전에는 알 수가 없다. 분명 나는 잘한 것 같은데, 짝꿍이 호흡을 못 맞춘 것 같은데, 소리 높여 우겨보고 싶지만 확증이 없다. 내가 잘했고 상대가 못했다는 주장을 펴기엔 증거가 늘 불충분하다. 서로 양보하면서 파트너의 발걸음에 나를 '맞춰주지' 않으면 100전 100패다. 그래서 이 게임이 거시기하다고 말한 것이다.

이 거시기한 게임에서 지는 두 가지 방법을 공개한다.

1. 직원들과 식사를 따로 하라

대한민국을 대표하는 곰탕집에서 있었던 일이다. 워낙에 인이 박힌 집이라 한 달에 두세 번 찾지 않으면 입에 가시가 돋는 명가 중의 명가였다. 한데 이 집에 대한 흉흉한 소문이 나돌기 시작했고, 급기야 종업원들이 업장을 그만두면서 인터넷에 '가게와 업주'에 대한 폭로전을 펼치던 무더운 여름날이었다. 곰탕을 주문하고 잠시 앉아 있자니 직원들이 하나 둘 모여 식사를 하기 시작했다. 직원들의 식사라는 것이 커다란 대접 몇 개를 올리고 눈치를 반찬 삼아 먹는 잠시의 휴식시간에 다름 아니다. 맛을 느끼기보다는 배를 채우는 요식행위에 가까운데 그날은 직원들이 유난히 더 서글퍼 보였다.

식사 도중 힐끗대며 나를 쳐다보기에 특이하게 생긴 동그란 안경과 내 얼굴 때문이라 생각했는데 그게 아니었다. 내 뒤에 모여서 식사를 하는 '주인댁' 식구들과 메뉴를 힐끗대는 것이었다. 그러고 보니 탕국물에 밥을 마는 사이 뒤쪽에서 오랜만에 만난 듯한 가족들의 왁자지껄한 인사가 기억이 난다. 한여름 더위에 고생하시는 부모님을 응원하기 위해 딸과 사위 그리고 손자가 손님이 뜸한 시간을 골라 찾아왔던 것이다. 눈에 넣어도 아프지 않을 손자와 딸이 왔으니 뭔가 맛있는 음식이 먹이고 싶었겠지. 충분히 이해가 간다. 가족들에게 잠시

기다려보라는 당부를 남기고 가게 문을 나섰던 주인장은 검정 비닐 서너 개를 들고 다시 나타났고, 스티로폼 대접에 랩으로 칭칭 감은 콩국수를 가족들이 앉아 있던 테이블 위에 펼쳐놓았다. 그런데 직원들 거는 쏙 빼놓고! 후루룩거리는 소리가 얼마나 시원하게 들리던지 나도 고개를 두어 번 돌리고 말았다. 다시 고개를 제자리에 돌리려다 이따금 직원들과 눈이 마주치고 말았다. 난 아직도 그 눈빛을 잊지 못한다. 부러움이라 하기에는 섭섭함이 깊었고, 안쓰럽다 하기에는 눈빛이 독했다. 오랜 칼럼니스트로 활동했던 나도 글로 표현하기에 부족한 '복잡 미묘한' 표정이 읽혔다.

'364일 같이 식사했겠지. 단 하루였을 텐데….'

결국 그 일화는 그 뒤로 내 강연의 단골 케이스가 되었다. 만약 그때 주인장이 환한 미소로 "콩국수가 시원한데, 같이 좀 들자."는 말을 거들었다면 직원들의 표정이 그렇게까지 구겨졌을까? 먹고 남은 빈 그릇을 치우고 돌아서는 모습이 그렇게까지 서글퍼 보였을까? 나중에 안 사실이지만 비법 중의 비법이라는 그 식당의 레시피는 공공연히 인터넷상에 떠돌고 있었다. 그만큼 섭섭한 사람이 많았던 모양이다. 직원을 적으로 만들고 싶으면 먹는 것에서부터 그들을 차별하라.

2. 모든 잘못은 직원의 탓으로 몰아라

대한민국에서 꽤나 알려진 푸드스타일리스트가 최근에 겪는 고민을 내게 토로한 적이 있다. '완벽한 레시피를 만들어 주방에 던져줬는데 아무래도 손맛이 있긴 있는 모양'이란다. 외국에서 유학할 때 유명 요리학원에서 배웠던 소스의 맛이 본인이 직접 만들지 않으면 재현이 되지 않는다면서 주방직원 흉을 보는 것이 아닌가. 매출이 너무 많이 떨어지다 보니 사비(?)로 직원들 월급을 충당한단다. 자신을 보고 일부러 찾아와주는 지인들 볼 낯이 없단다. 속이 너무 상해 빨리 업장을 넘기고 싶은데, 나서는 이가 없단다. 왜 손수 나서지 않느냐고 물으니 사업해야지, 방송 출연해야지, 할 일이 태산인데 소스를 만들 시간이 어디 있냐고 반문한다. 내 알 바 아니지만 그 맛이 궁금해졌다. 그래서 지인들과 함께 찾겠노라 약조를 하고 돌아섰고, 채 열흘이 지나지 않아 레스토랑을 방문했다.

근사했다. 인테리어에 돈을 쓴 티가 줄줄 흘렀다. 엄격한 교육을 받은 직원들은 일사분란했고 손발이 척척 맞았다. 컨설턴트라는 위치에서 던진 까탈스럽고 짓궂은 질문에도 능수능란하게 답하는 것이 아닌가. 시스템을 이렇게까지 탄탄하게 만들었다는 사실에 탄복했다. 테이블 위에는 고급스러운 와인들과 공들여 만든 요리들이 하나 둘 채워졌다. 초대받은 임무도 잠시 잊은 채 음식을 만끽하고 있는데, 사장인 그 친구가 내게 눈짓으로 말을 걸어온다. 내 앞의 접시를 슬쩍 내리깔며 쳐다보더니 이내 눈 꼬리를 올리며 내게 어떠냐고 묻는다.

'괜찮은데… 수준급인데… 확실히 외국에서 비싼 돈 주고 배운 데는 이유가 있구나.'

훌륭하다는 의미에서 눈을 크게 뜨며 미세하게 고개를 끄덕였는데 반응이 바로 온다. 미간을 살짝 찌푸리며 이번에는 입 꼬리를 올리더니 주방 쪽으로 턱을 돌린다. 아차, 이 친구가 만든 게 아니었다! 못내 실망한 듯한 표정도 잠시 주방에 들렀다가 내가 맛을 본 것과 아주 흡사한 요리를 한 접시 더 내오는데 가니쉬가 흐트러질까 굉장히 조심스럽다. 이번 게 진짜구나 본능적으로 느낄 수 있었다. 한데 맛이 같다. 갸우뚱거리다 바로 주인장을 향해 빙긋이 웃으며 엄지손가락을 치켜 들어준다. 이 인사를 잊었더라면 그날 식대는 나 혼자 다 계산했을지도 모른다.

아마도 레스토랑의 주인은 이리 생각했을 것이다. 불경기는 아랑곳 않고 매출이 줄어든 이유가 전부 자기 지시를 따라주지 않는 직원들 때문이라고. 자신보다 능력도 안 되는 것(?)들이 건방지게 제멋대로 레시피를 바꿨다고. 설령 그랬을지도 모르겠다. 하지만 만약 블라인드 테스트라도 했더라면 나 역시도 틀렸을 만큼 소스는 오너의 것과 직원의 것이 비슷했다. 아니 같았다. 그리 완벽하지도 않은 소스에 집착하는 이유가 무엇이었을까?

인간은 위기에 처하면 자기 방어기제를 동원한다. 모든 실수나 잘못을 본인의 탓으로 돌릴 만큼 인간은 용감하지 못하다. 결국 본인을 위해 애를 쓰고 있는 스텝들을 희생양으로 삼고 위안을 하는 것이다. 남의 탓으로 돌리면 일단 마음은 편해진다. 2인 3각 경기에서 중도에 쓰러진 팀들이 결승점을 통과하는 장면을 떠올리면 이해가 쉽다. 대놓고 삿대질을 하지는 않지만 다리를 묶었던 끈을 푸는 손이 여간 거칠지 않다. 둘을 이어줬던 끈을 내팽개치는 것은 예사고 단 한 마디 인사도 없이 등을 돌리고 제 갈 길을 간다.

결국 초대받은 지 1년이 지나지 않아 그 유명한 스타일리스트는 레스토랑을 접었고, 주방을 책임지던 요리장들은 이직을 한 뒤 '좋은 사장'을 만나 이제는 전 오너보다 훨씬 더 유명한 방송인들이 되었다. 직원을 적으로 만들고 싶으시다면 모든 잘못과 실수는 직원들 탓으로 돌려라. 사업장이 망해도 본인을 원망할 생각은 하지 마시고.

P.S.

가족한테는 나중에라도 미안하다고 사과할 수 있지만, 직원들은 섭섭하면 등을 돌리고 떠나간다. 제발 잊지 마시라! 돈은 여러분이 버는 것이 아니고, 직원들이 벌어주는 것이라는 뼈저린 사실을….

주방의 과학!
수납과 동선

- 부안 〈변산온천산장〉

내가 처음 남대문과 인연(?)을 맺은 것은 11살 때다. 당시 내 어머니는 신촌상가에서 인테리어 소품 매장을 운영하고 있었는데 '물건을 하러' 새벽이면 남대문 시장으로 향하셨다. 눈치 안 보고 이것저것 사달라고 조르던 나이가 막 지날 무렵이었다. 조그만 비닐봉지라도 들 수 있는 나이가 되고 나서부터 장 보는 길에 따라나섰다. 미로처럼 생긴 도매 상가를 누비다 보면 양손에 커다란 비닐봉지들이 잔뜩 들려 있어 팔이 늘어날 지경이었는데 어머니는 아랑곳하지 않고 코스처럼 들르는 두 곳이 있었다.

하나는 도깨비 시장이다. 신촌상가 밑에도 미제 물건을 파는 가게가 있었지만 '너무 붙여먹는다'는 이유로 발길을 끊은 뒤 도깨비 시장의 '뚱땡이 아줌마' 집과 거래를 텄다. 빨간 플라스틱 뚜껑과 유리병이 도드라졌던 초이스 커피와 크래프트 사의 슬라이스치즈 그리고 스팸이 단골 구매 품목이었다.

이미 손바닥이 아파오기 시작해 팔뚝에 비닐봉지를 걸고 있었지만 우겨서라도 치즈와 스팸은 내 비닐에 넣는다. 하얀 쌀밥 위에 젓가락으로 길쭉하게 눌러 자른 치즈 한 조각을 올리고 그 위에 프라이팬에서 바싹 구운 스팸 한 조각을 얹어 먹던 나의 무의식이 그렇게 조종한다.

봉지가 바닥에 끌린다는 핀잔을 들으면서도 악착같이 따라간 곳이 바로 그 유명한 칼국수 골목. 워낙 국수를 좋아하는 식성 때문에 다른 이들은 전부 보리밥 골목이라 부르는데 내 어머니만큼은 칼국수 골목이라 하셨다. 그곳에 다다르면 입이 떡 벌어진다. 좌우로 늘어선 가게들 앞에 어깨를 다닥다닥 붙이고 앉아서 식사를 하던 상인들과 손님들의 모습은 지금도 눈에 선하게 떠오른다.

이 모습은 2014년으로 자연스레 오버랩된다. 조금 달라졌다면 방송에 출연했다는 광고물들이 벽을 도배하고 있고, 머리 위에 회전형 선풍기와 온열기가 달려 있다는 정도? 비좁고 정신없기는 예나 지금이나 크게 다르지 않다.

주방의 과학을 이야기하면서 왜 굳이 이 골목을 언급하는 것일까

음식도 만들고,
서빙, 설거지에 계산까지 도맡아 하려면
공간을 최대한 효율적으로 쓸 수 있는
노하우가 필요하다.

의아해하는 분들이 있을 것이다. 자, 그럼 남대문 보리밥집 골목에 숨어 있는 주방의 과학을 하나하나 벗겨보자.

광장 시장의 실내 포장마차도 마찬가지지만 혼자서 음식도 만들고 서빙도 하고 설거지에 계산까지 도맡아 하려면 좁은 공간을 최대한 효율적으로 쓸 수 있는 노하우가 필요하다. 이는 모든 자영업자들의 고민이기도 하다. 어떻게 하면 좌석 수를 늘려 많은 손님을 앉힐 것인가? 임대매장에서 주방공간을 최소화가기 위한 노력을 지켜보고 있노라면 눈물겹다. 그래서 더더욱 보리밥집 골목의 적응력과 기지가 돋보이는 것이다.

반질반질한 스테인리스 테이블 위의 큼직한 반찬통들이 손님과 주인아주머니의 영역을 양분한다. 앉아 있는 손님의 손이 쉽게 주방으로 넘어오지 못하도록 의도한 바는 아닐 테지만 콩나물 무침, 무생채, 부추 겉절이, 열무김치 등으로 높이 쌓은 벽체는 견고하기 그지없다.

손님은 주문만 하면 된다. 말이 떨어짐과 동시에 날카로운 눈으로 경계태세를 취하고 있던 아주머니가 몸을 홱 돌려 부산스럽게 팔을 움직인다. 왼손이 찬장의 대접으로 올라가나 싶으면 벌써 전기밥통의 뚜껑을 열고 있고, 오른손에 주걱이 들려 있는 것을 등 뒤에서 1~2초 전에 확인했는데 몸을 틀고 나니 콩나물을 쥔 젓가락이 보인다. 이 장면을 사진으로 찍어 포토샵에서 요리 재료를 지우면 분명 '중년 여성을 위한 스탠딩 요가' 쯤으로 보일 것이다.

척하니 손님 테이블 앞에 접시를 내놓는데, 어라! 냉면이 담겨 있다. 그래 그랬다. 30여 년 전에도 이 냉면을 먹었었다. 무지하게 맵다는 거 말고는 별다른 기억이 없었는데 오늘 먹어보니 '삼콤'하다(새콤 달콤 매콤의 약자. 필자가 칼럼에 종종 쓰는 은어).

근데 냉면을 담은 이 앞 접시는 어디서 나온 거지? 마술사처럼 주머니에 숨겨 두지는 않았을 터. 오호라. 옆 손님에게 냉면을 내주는 모습에서 바로 알아챘다. 타짜가 화투장의 밑장을 빼듯 '스무스'하게 테이블 밑에서 대접을 빼 올려 대접의 냉면을 덜어 담는다. 확실히 경계의 눈은 매섭다. 냉면 접시에서 마지막 한 올을 입술로 옮기는데 또다시 월경이 감행된다. 또 눈 뜨고 당하고 말았다. 상추와 부추, 콩나물의 토핑이 유난히 돋보이는 간결하고 순박한 보리비빔밥으로 말이다. 수북한 초록색 덕분인지 '건강'이 식도로 넘어가는 기분이 든다. 바닥을 긁는 숟가락과 비빔밥 대접의 경쾌한 마찰음이 엉덩이를 들썩거리게 한다. 앗싸~ 곁들여 내준 배추 된장국도 바닥까지 후루룩 쩝쩝…. 방심한 틈에 또 '중년 여성을 위한 스탠딩 요가'가 시작된다.

도마 위에서 몇 번의 칼질로 수제 면을 만드는 사이사이, 손을 올려 사사삭 대접을 내리고 육수를 끓이고 토핑을 준비한다. 컵, 냉면 앞 접시, 배추 된장국 그릇, 비빔밥 대접, 김치 종지에 이어 여섯 번째 칼국수 그릇이 눈앞으로 옮겨진다. 김가루와 깨가 듬뿍 뿌려진 국수를 받고 나니 갑자기 궁금해진다. 저 많은 설거지는 어디서 할까?

의식적으로 칼국수와 거리를 둔 채, 주인아주머니의 몸놀림을 주시했다. 손님이 건네는 빈 그릇을 받아 쌓아두는 것이 아니고 그 즉시 개수대로 옮기며 물을 튼다. 방금 비운 그릇이니 쉽게 씻긴다. 마른행주질을 마치고 다시 그릇을 쌓는데 10초가 걸리지 않았다.

관찰은 여기서 끝나지 않는다. 공간을 활용하는 데 있어서는 스피드도 중요하지만 더 주목할 만한 것이 있다. 바로 그릇. 그릇의 형태가 모두 같다. 그래서 켜켜이 쉽게 쌓을 수 있는 것이다. 만약 모양과 크기가 다 달랐다면 그 비좁은 공간에 그 많은 그릇들을 다 보관할 수 있었을까? 고급스러운 한정식이나 일식집 주방을 가보면 네모지고, 길고, 둥근 비정형의 접시나 대접을 보관하기 위해 상당히 넓은 공간을 쓰고 있다는 사실을 확인할 수 있다.

인간은 적응하는 동물이다. 좁으면 좁은 대로, 작으면 작은 대로 환경에 내 몸을 맞추며 근육을 키워나간다. 답답하다는 단점이 있지만 큰 주방에 비해 피로감도 확실히 덜 하다. 하루에 300~400명이 방문하는 부산 초량동의 은하갈비 주방도 한 평 밖에 안 된다는 사실은 우리에게 시사하는 바가 크다. 좁은 주방 때문에 골머리를 썩고 계신 분들에게 남대문 보리밥집 골목 투어를 꼭 추천하고 싶다.

반면 지방을 돌다 보면 땅값이 저렴해서인지 어마어마한 크기의 주방을 종종 만나게 된다. 그중의 한곳, 변산 온천 산장은 바지락죽의 명가라 불리는데 보조 주방까지 합치면 족히 20평이 넘는다. 중앙에 자리 잡고 있는 스테인리스 아일랜드를 치우면 주방 식구들이 휴식시간을 이용해 족구나 팩차기를 할 수 있을 정도의 넓은 공간이 나온다.

그런데 내가 이 주방에서 가장 주목한 곳은 바지락무침을 하는 반평 정도의 공간이다. 바지락무침은 메인 메뉴인 바지락죽의 인기를 넘볼 정도로 찾는 이가 많은 요리이자 매출에도 도움이 많이 되는 효자 상품이다. 바지락죽만 먹겠다고 오는 손님들도 옆 테이블에서 입주위에 양념장을 묻혀가며 바지락무침을 먹는 모습을 보면 그 유혹을 뿌리치기가 쉽지 않다. 주문이 많은 덕분에 이 집에는 아예 바지락무침 전담 인원이 있을 정도. 그럼 어떻게 하는지 한번 살펴볼까?

서랍형 김치 냉장고 아래 칸에는 데쳐서 살을 발라낸 바지락이 가득 들어 있고, 위 칸에는 미리 손질해놓은 채소들이 가지런히 정렬되어 있다. 그리고 냉장고 바로 옆에 양념통이 놓여 있다.

"무침 하나요!"

주문 소리에 맞춰 주방 아줌마들이 기계적으로 반응한다. 대접에 바지락살과 채소를 덜어 담고, 양념장을 뿌리고 설렁설렁 무쳐 접시에 담아내는 데 채 1분이 걸리지 않는다. 공간대비 매출액을 뽑으라면 단연 1위다. 무침 하나 만드느라 뒷주방의 냉장고로 달려갔다가 손질한 바지락살을 덜어내려고 반찬 냉장고를 뒤지고 여기저기 흩어져 있는 양념통 챙기느라 수선떨 필요가 없다. 이런 효율적인 시스템이 있으니까 바지락죽을 기다리기 지루한 손님들이 주린 배를 달래려고 무침을 주문하는 것이다.

만약 무침에도 상당한 시간이 걸렸다면 무한리필로 배를 빵빵하게 채울 수 있는 바지락죽을 두고 무침까지 찾았을까? '주방의 과학'이 만들어낸 스피드가 주문을 부르고 매출을 높이는 효자 상품을 만들어낸 것이다.

매출은 주방의 크기순이 아니라는 것을 반드시 기억해두자.

가게 앞에
상추와 깻잎을 심자

전 세계는 지금 식량 위기로 몸살을 앓고 있다. 급격한 소득 증대에 맞춰 와인과 치즈, 참치, 소고기 소비가 늘고 있는 중국 덕분에 이 재료들의 국제 판매가가 급상승 중이고, 수입에 의존할 수밖에 없는 국가들은 식량 전쟁의 최대 피해국으로 전락하고 있는 중이다. 푸드 마일리지를 줄이자는 의견은 단지 건강을 고려한 주장의 차원을 넘어서고 있다. 식량 자원의 자급자족을 위해 각국이 벌이고 있는 노력은 실로 눈물겨울 정도다.

CBS 라디오 프로그램에 함께 출연했던 임옥상 선생(제1회 광주 비엔날레 특집 다큐멘터리를 제작할 당시만 해도 임 선생은 민중화가의 대명사였다)으로부터 '도시농업'이라는 이야기를 듣고 전두엽이 찌릿해서 한동안 말을 이을 수 없었다. 서울 광장에 벼와 콩을 심는 프로젝트를 이미 진행했고, 앞으로 제2, 제3의 도시농업 프로젝트를 이어가신단다.

선생은 내가 TED AIR를 통해 주워들었던 도시농업을 서울 한복판에서 이미 구현하신 거다. 그래 확실히 존경받는 작가는 뭐가 달라도 다른 법. 구글과 유튜브 그리고 TED AIR를 뒤지기 시작했다. 꽤 많은 스토리와 이미지를 구할 수 있었다.

도시농업은 현재진행형이었다. 뉴요커들은 월정액을 지불하면서 옥상과 베란다를 정원으로 꾸미고 있고, 유럽의 국가들은 관공서의 뒤뜰과 같은 공터에 망설임 없이 채소를 심는 시도를 하고 있다. 권위랄 것도 없는 거추장스러움을 벗어젖히고 인간을 살릴 수 있는 생존 게임에 이미 돌입한 상태. 이런 세계적 트렌드를 마케팅에 활용해보자는 것이다.

우선 삼겹살 가게 앞에 스티로폼을 화분 삼아 상추와 깻잎을 심자. 보기에도 좋고 폼 내기에도 이만한 아이디어가 없다. 지나가는 행인들 발목을 사로잡기에도 충분하다. 처음부터 손님상에 오르는 채소를 다 재배할 수는 없는 법. 공간도 허락하지 않을 것이다. 이미 내놓은 채소 바구니 옆으로 직접 기른 상추와 깻잎을 제공하며 "많지는 않지만 제가 직접 키운 거니 맛 좀 비교해주세요!"라고 한마디 곁들이면 금상첨화. 무농약으로 키운 소채(소중한 채소)에 야박한 점수를 매길 손님이 얼마나 되겠는가! 서로 달라고 아우성치지 않을까? 반응이 좋으면 점점 재배 면적을 넓히면 그만이다.

생각해보라. 이 얼마나 가슴 벅찬 행복인가! 인테리어에도 도움이 되고, 손님들도 감동시키고, 얼마간의 재료비도 아낄 수 있으니! 무엇보다 자녀와 함께 오는 손님들에게 더 사랑받을 것이다. 고사리 손으로 직접 상추와 깻잎을 딸 수 있는 기회를 제공하면 가족 고객들의 재방문율은 반드시 오른다.

P. S.

사실 텃밭이 있는 식당은 방송 제작팀들이 아주 사랑할 만한 아이템이다. 관찰력 있는 분이라면 가늠했겠지만 텃밭을 가지고 있는 식당들은 확실히 방송 분량이 길다. 주인 아주머니가 닭 삶다 말고 소쿠리 하나 들고 텃밭으로 향한다. 이것저것 잎을 따면서 설명이 이어진다.

"돌미나리는 초고추장에 무쳐서 낼 거고요. 곤드레는 살짝 삶아서 냄비밥 할 거고, 참취는 고기 싸 드시라고 올릴 거예요."

이걸 도심 한복판에서 하자는 거다. 오케이?

PART 5

'장사의 신'들만 아는
신들린
마케팅 비법

옆 가게는 죽어도 못 따라하는 나만의 홍보술

천 원 한 장 들이지 않고
내 가게 홍보하는
블로그 마케팅

이제는 습관이 되어버렸다. 컴퓨터를 켜면 나도 모르게 네이버 세상 속으로 빠져 들어간다. 인터넷 상에서·네이버라는 거대한 저인망 어선을 피해가며 헤엄친다는 것은 상상하기 어렵다. 물론 구글 마니아들은 그게 검색이냐며 힐난할지 모르겠으나, 적어도 내게 있어 네이버는 떼려야 뗄 수 없는 그런 존재가 되어버렸다. 정치, 경제, 사회, 문화, 생로병사, 희로애락 모든 분야를 망라하고 있는 네이버는 21세기 생활 권력의 핵심이다.

네이버 없는 대한민국이 상상되지 않을 만큼 거대한 공룡으로 성장했고, 최소한 웹상에서만큼은 우리 모두가 네이버의 노예가 되어가는 것은 아닐까 하는 생각을 떨치기 어렵다. 그렇다고 네이버의 모든 비즈니스가 성공하는 것은 아니다. 네이버가 온라인 권력을 휘두르는 데 있어 결정적 역할을 수행했던 '뉴스캐스트'가 '뉴스스탠드'로 바뀌고 난 후 방문자 수는 물론이고 유저들이 사이트에 머무는 시간도 눈에 띄게 줄었단다. 아이러니한 것은 고급 인력과 시간, 그리고 자본을 투자한 개편 결과가 영 시원치 않다는 기사 역시 네이버에서 확인했다는 사실이다.

이것이 처음은 아니다. 몇 년 전, 동영상 카테고리를 강화한다며 기하학적인 용량의 서버를 세팅하고 유저들의 유입을 유도했던 적이 있다. 디지털 카메라나 가정용 캠코더는 물론이고 스마트폰의 폭발적 보급을 예측하고 세운 전략이었는데 생각지도 못한 벽에 부딪혔더랬다. 아마도 유튜브를 모델로 삼아 기획을 했던 듯하다.

'유저들이 마음 놓고 놀 수 있는 공간을 만들어놓으면 캠코더로 찍은 동영상 육아일기도 올리고, 애인이나 친구들과 다녀온 여행 동영상도 올리고, 영화나 드라마의 캡쳐 동영상도 올릴 것이다. 모든 것이 공짜이니 일반 유저들이 충성도 높은 네이버 단골이 되고, 그리되면 접속 빈도도 올라가고 체류 시간이 길어지니 자연스레 광고료도 올라가겠지….'

좋은 작전이었는데 곳곳에 도사리고 있는 지뢰들을 깊이 살피지 못했던 것 같다.

일단 동영상은 스틸 사진에 비해 편집이 어렵다. 최소한 컷 편집 정도만 하려고 해도 가벼운 툴 정도는 다룰 줄 알아야 하는데 이게 보통 번거로운 일이 아니다. 그리고 여행 다녀온 동영상은 올리고 싶지만 얼굴은 노출하고 싶지 않다는 유저들의 심리를 읽지 못했다. 블로그에 등장하는 대부분의 인물 사진이 만화 캐릭터나 아이콘으로 자체 모자이크가 되어 있다는 사실을 알았다면 좋았으련만. 동영상에 모자이크 작업을 하는 건 현역에서 뛰고 있는 방송국 프로듀서들도 징글징글하게 생각하는 일이다.

그래서 쥐어짠 묘책이 스티커로 브랜드를 가려버리는 것인데, 이 불편하고 옹색한 작업을 유저들 보고 하라고? 게다가 네이버에 올리는 동영상은 방송국 저작권 담당자들에 의해 24시간 감시를 받고 있다. 그 강도가 점점 세지다 보니 방송국에서 취재한 식당의 동영상을 업주 본인의 홈페이지나 블로그에 "MBC 〈찾아라 맛있는 TV〉에서 방영한 동영상입니다."라는 멘트와 함께 업로드해도 글만 올라가고 동영상은 올라가지 않는 형편이다. 방송사와 포털사이트 간에 모종의 계약이나 협박이 있었던 걸까?

업주는 억울해한다. 홍보 좀 해보자고 하루 종일 취재에 응했던 건데 아무 데도 써먹을 수가 없다고 후회하는 이들도 많다.

정리해보자면, 개인적인 생각이지만 네이버 동영상 디렉토리가 큰 성공을 거두지 못한 데는 동영상 편집의 어려움, 모자이크 처리의 번거로움, 저작권 등의 원인이 있다. 그러다 보니 좀 거칠게 표현하자면 네이버의 동영상 대부분은 홍보용 영화 예고편이나 뮤직비디오, 1분이 넘지 않는 아마추어 동영상, 그리고 육아일기 일색인 것이다.

　서론이 길었다. 내가 말하고자 하는 바는 네이버는 파워가 좋은데 실패도 몇 번했고, 지금도 유저들을 끌어들이기 위해서 애를 쓴다는 것이다. 지금부터 수천만 원짜리 본격적인 컨설팅이 시작되니 귀를 쫑긋 세우고 들어주시라.

　가게를 오픈하고 나면 수없이 많은 영업 사원들이 전화를 걸거나 방문을 한다. 신문이나 잡지에 기사가 나오거나 방송에 약간이라도 노출되는 날이면 수화기를 내려놓아야 할 정도로 많은 홍보대행사에서 연락을 해온다. 대부분은 이런 식으로 꼬신다.

　"저희가 다 알아서 블로그 작업을 해드립니다. 저희와 계약이 되어 있는 파워블로거 분들이 매장을 방문해서 시식도 하고 글도 올려드리니까 전혀 고민하실 필요 없어요. 한 달에 업로드되는 횟수에 따라 60만 원에서 80만 원 정도의 유지보수비만 내시면 됩니다."

　심지어 월 3만 원 정도에 모든 서비스를 대행하겠다는 업체까지 있을 정도다.

한마디로 정리하자면 업주 대신 블로그에 글과 사진을 올릴 테니 돈을 내라는 것인데, 지금부터 내가 하는 설명을 잘 들으면 10원짜리 하나 내놓지 않고 진심으로, 정성껏 여러분의 매장을 홍보할 수 있게 된다. 집중!

1. 스마트폰에서 '네이버 블로그 앱'을 다운 받는다.

2. 다운 받은 어플리케이션으로 들어가 로그인을 한다.

스마트폰에서 메일을 확인할 수 있다면 이 정도는 누워서 떡 먹기다. 로그인 과정을 마치고 나면 휴대폰용으로 제작된 블로그 홈을 만나게 된다. 이웃새글, 이웃목록, 추천글, 주변글이 상단에 자리 잡고 있다. 어차피 최고의 관심사는 내 가게 홍보에 있으니 이 항목들은 일단 패스하고 하단을 살펴보면 블로그홈, 내소식, 글쓰기, 내블로그, 설정 이렇게 5개의 항목이 나열되어 있는데 '글쓰기'로 접속하자.

3. 블로그에 글을 쓰고, 사진, 동영상을 올린다

이미 블로그를 운영하고 있는 분들이라면 '세상에 이렇게 편리한 어플리케이션이!' 하고 놀랄 것이다. 카테고리를 선택하고 글 제목을 적어 넣는다. 일단 나는 이렇게 적겠다.

'강남역 최고의 맛집, 착한 가격의 김유진 파스타!'

바로 하단에는 '내용을 입력하세요.'라고 적혀 있는데, 내용보다는 사진이나 동영상을 올리는 것이 훨씬 편하다. 좌측 하단에 다섯 개의 아이콘이 있다. 카메라, 책, 위치, 클립, 책갈피. 카메라 버튼을 누르면 스마트폰으로 촬영한 사진이나 동영상 목록, N드라이브에 보관 중인 사진이나 동영상, 그리고 바로 찍을 수 있는 사진촬영, 동영상 촬영 등의 항목이 뜬다. 이 중에서 하나를 고르면 된다.

가장 위에 자리 잡고 있는 사진 목록을 누르면 스마트폰 안에 저장된 모든 이미지 파일이 일목요연하게 정리되어 있는 것을 확인할 수 있다. Camera를 누르고 블로그에 올리고 싶은 사진을 콕콕 터치해주기만 하면 된다. 시간이 없으면 한 번에 왕창 올리면 되고, 좀 여유가 있다면 사진 한 장을 고르고 우측 하단에 있는 편집 버튼을 누르면 된다. 그러면 바로 네이버 카메라로 연결이 되는데 회전도 가능하고, 자를 수도 있고, 20여 개의 효과를 골라 사진을 '뽀샤시'하게 수정할 수 있다. 암튼 기가 막힌 경험을 하게 될 것이다.

여기서 잠깐! 많은 이들에게 내 가게를 자랑하고 싶다면 네이버 화면의 상단에 오르는 게 유리한데 이를 위해서는 많은 사진을 올리는 것이 중요하다.

사진 이미지들을 터치하고 오른쪽 하단에 있는 '첨부하기' 버튼을 누르면 사진들이 쫙 펼쳐진다. 제일 윗 사진에 '대표'라고 표기되어 있는 것을 발견할 수 있을 것이다. 마음에 안 들면 다른 사진으로 바꾸면 된다. 밑에 있는 사진들 중에서 오늘 블로깅에 가장 어울릴 만한 녀석을 한 장 골라 터치하면 삭제, 위에 내용 입력하기, 아래에 내용 입력하기, 대표 사진으로 지정하기 항목이 뜨니까 눌러주기만 하면 얼굴마담이 금방 바뀐다. 글은 위아래 어디든 넣을 수 있다.

참, 사진의 순서도 바꿀 수 있다. 사진 오른쪽 끝에 위치한 화살표를 누른 상태에서 위 아래로 움직이면 사진이 밀리면서 위치 이동하는 것을 확인할 수 있다. 가게의 위치를 알리는 것도 중요하니 하단 중앙에 있는 위치 아이콘을 눌러 지도를 삽입하고, 책갈피를 눌러 태그를 쓰면 작업은 끝난다. 컴맹도 할 수 있을 정도로 간단한 시스템에 많이 놀랐다.

현재 컨설팅하고 있는 세 군데의 레스토랑에서 이 블로그앱을 활용해 마케팅을 하고 있는데 반응이 아주 뜨겁다. 홍보성 글인데도 아닌 척하며 대가를 받고 올리는 블로그와는 차원이 다르다. 주인장이 직접 만들고, 찍고, 올린 내용이어서인지 한결 친밀감이 느껴진다. 소중하게 올린 내용을 보고 누군가가 말을 걸면 바로 스마트폰 창에 뜬다. 그러면 친절히 답을 해주면 된다. 하루 종일 무한리필로 홍보할 수 있는 공간이 있는데도 이용하지 않는 것은 장사꾼에게는 죄악이다.

다들 아는 내용을 뭐 그리 장황하게 설명하느냐고 비아냥거릴 분도 분명 계시리라. 그래서 마지막 노하우까지 탈탈 털어놓으려고 한다.

마케팅은 market과 -ing가 결합된 단어다. market은 원래 그 자리에 정체되어 있는 것인데 사람이 나서서 -ing (움직이게)하게 만드는 것. 블로그 마케팅이 성공하려면 주인장이 직접 나서서 고객의 마음을 움직여야 한다. 블로그를 통해 얻게 된 흥미나 관심이 구매행위로까지 이어지려면 지속적이어야 한다. 즉 매일 올려야 효과를 볼 수 있는 것이다. 매일 올리면 당신의 레스토랑에 관한 데이터베이스가 축적된다. 더불어 돈을 지불하고 단시간에 홍보하는 것보다 100만 배는 더 큰 효과를 누릴 수 있다.

그러면 어떻게 한 식당에서 그게 그거인 메뉴를 매일 포스팅할 수 있을까? 그래서 공부가 필요하다. 오늘은 파스타 면에 관한 이야기를 쓰고, 내일은 종류에 관한 이야기를 쓰고, 모레는 소스, 글피는 해산물, 그글피는 특징 있는 손님 이야기… 블로그를 지속하기 위해 공부를 하는 사이 당신은 슬슬 고수가 되어갈 것이다. 지속성만큼이나 중요한 것이 바로 톤(tone)과 매너(manner)다. 일기 같은 느낌이면 최고이고 심야의 라디오 디제이처럼 나긋나긋하고 상냥한 톤도 아주 좋다. 블로그의 특성상 소곤거림도 꽤 효과가 있으니.

"쉿, 이거 완전 비밀인데요…. 우리 패밀리들에게만 가르쳐 드릴게요. 계란국을 정말 맛있게 만드는 노하우는… 정말 아무한테도 말하면 안 돼요. 물을 먼저 끓이고 간을 한 후 풀어놓은 계란을 살살 부어주는 거예요. 바로 불을 끄고! 5초만 기다렸다가 쫑쫑 썬 파를 뿌려주면 아이고~ 끝내준다니까요."

손님에 관한 이야기, 가족이야기, 어려우면 어렵다고 기쁘면 기쁘다고 써보자. 진심은 반드시 통하게 되어 있다. 혹시 아는가? 당신이 매일 정성껏 올린 블로그의 글을 보고 '주인장 심성이 고운 걸 보니 여긴 틀림없이 맛있는 집이야.'라고 〈이영돈의 먹거리 X파일〉 '착한 식당' 팀장에게 전화를 하게 될지.

P. S.

1. 참고로 다음 포털도 같은 방식으로 하면 된다. 이 글은 네이버 협찬이 절대 아니다. 혹시 협찬 의사가 있으면 출판사로 연락 바란다. 오는 협찬 마다하지 않는다.

2. 위에서 언급한 것이 소위 채널의 이야기라면 콘텐츠는 '미미네'를 따르면 도움이 될 것이다. 미미네가 어떤 집이냐고? 스타킹에 출연하며 기하급수적으로 팬을 늘렸지만, 사실 국물 떡볶이와 새우튀김으로 이미 경기권을 호령했던 떡볶이집이다. 어느 곳에 오픈을 하던 줄을 세우는 능력을 가지고 있다.

홍대 외진 상권(보보호텔 건너편)에서도 줄을 세웠고, 디큐브 시티 푸드몰에서도 줄을 세웠고, 다시금 입성한 홍대에서 또 줄을 세우고 있다. 맛은 어떠냐고? 그건 묻지 마시라. 단지 난 미미네 언니가 보여줬던 따뜻한 일기가 생각날 뿐이다. 소소하게 일상을 전하면서 고객들의 안부를 묻는데 가슴이 벅차올랐던 그 기억 말이다.

'찌라시',
우습게 보지 마라!

구로동에서 있던 일이다. 무한리필 곱창으로 급성장하고 있는 프랜차이즈 회사의 대표와 미팅을 하고 있었다. 새로 일본식 스테이크집을 런칭하려고 하니 아이디어를 달랜다. 컨설팅 조건과 기간을 조율하고 있는데 매니저라는 친구가 들어오면서 투덜댄다.

"이러니까 효과가 없는 거야!"

그의 손에는 한 움큼의 전단지가 들려 있었다. 자세히 보니 유명 피자집의 것이었는데 대략 50장은 되어 보였다. 그가 흥분하는 데는 이유가 있었다. 건물 내의 우편함 12개에 이렇게 한 뭉치씩 전단지가 들어 있었단다. "농땡이 치려고 한 방에 끝낸 거네."라며 쓴웃음을 짓는다. 자기들 업장의 전단지도 이렇게 패대기쳐져 있지 않겠느냐면서…. 전단지 알바가 초보이거나 급한 일이 있었나 보다.

각설하고 자영업자들은 무한 경쟁에서 살아남기 위해 별의별 아이디어를 다 짜낸다. 홍보를 위해 돌아다니며 스티커를 붙일까? 사무실들이 대부분 철문이니까 종이 대신 마그네틱으로 만들어볼까? 전단지를 눈에 확 띄게 디자인하는 방법은 없을까? 심지어 문고리에 거는 팸플릿을 두고 짜장면 냄새를 넣을 수 없을까 하는 상상의 나래마저 펼친다.

현실이 이러하니 불경기일수록 호황을 누리는 업종이 있다. 홍보물과 현수막을 만드는 회사들인데, 수완 좋은 업체들은 요사이 쾌재를 부르고 있다. 반면 울상을 짓는 분들도 많다. 강남역, 홍대, 건대 등 아직 상권이 좀 살아있는 지역의 구청 직원들과 환경미화원들이시다. 이들은 새벽마다 현수막 걷고 바닥에 널린 명함이며 전단지 쓸어 담느라 오전 해가 짧다고 한다.

명함 이야기가 나와서 말인데, 불법만 아니라면 SBS 〈생활의 달인〉 프로그램에 제보하고 싶은 인물이 있다. 압구정동을 거닐다 만난 오토바이 맨이 바로 그다.

워낙 빠른 스피드였고 헬멧을 쓰고 있어서 얼굴을 알아볼 수는 없었지만, 이미 나의 호기심은 그의 뒷자리에 앉아 있었다. 배달용 오토바이다. 핸들 바로 아랫부분에 지퍼가 고장난 가방이 걸려 있고 그

"찌라시, 효과가 있을까?"
난 자신 있게 대답할 수 있다.
"분명, 있다!"

안에 명함이 가득했다. 대출을 종용하는 내용의 명함과 신장개업한 이자카야 명함이 반반씩.

이 친구는 두 손으로 운전을 하는 법이 없다. 왼손으로 곡예 운전을 하면서 오른손은 타짜처럼 정교하고 잽싸게 명함을 날린다. 투전판의 선수가 '밑장 빼서 천장으로 날려 꽂기' 하듯 말이다. 명절 TV 프로그램에 나와서 트럼프 카드로 촛불을 끄는 이들보다 분명 몇 수 위다. 그들은 스튜디오에 서서 날리지만 이 드라이버는 좀처럼 멈추는 법이 없다. 그리고 가장 극명한 차이는 TV에 나오는 카드 달인은 한 번에 한 장을 날리지만 이 양반은 한 번에 서너 장을 각기 다른 지점으로 날린다는 점. 바람을 가르며 날아간 명함들은 쇼윈도에 부딪힌 뒤, 살포시 내리깔린다. 간혹 각이 잘 맞지 않아 바닥을 나뒹구는 녀석들도 있지만 웬만한 메이저리그 투수들보다 제구력이 좋다.

카드에 시선을 꽂고 있지만 전방 주시도 게을리하지 않는다. 보행자가 나타나면 급회전을 감행해 S자 묘기를 보여주는데 광복절이나 삼일절에 폭주 뛰는 애기(?)들과는 비교도 하고 싶지 않다. 지나가던 행인들이 박수를 치는 일은 없지만 호기심 어린 눈빛으로 명함을 줍는 모습은 곳곳에서 목격된다.

홍보물을 돌리는 또 하나의 방법이자 가장 고전적인 방식은 신문 사이에 전단지를 끼워 넣는 방법이다. 원래는 보급소에 부탁해서 장당 가격을 지불했지만 최근 종이 신문 독자들이 급격히 줄어들면서

구독 신청을 하면 계약된 만큼의 전단지를 간지로 끼워 얼마간 대신 돌려주는 영업 방식까지 등장했다.

　다음으로 좀 더 적극적인 업주들이 선호하는 방식은 이슬람 여성들이 히잡으로 얼굴을 가리듯 선캡과 눈 밑까지 가릴 수 있는 복면(?) 차림으로 번화가의 횡단보도 앞에서 1：1로 직접 건네주거나 업장 주변의 사무실과 주택가의 우편함을 노리는 방식이다. 효과가 높은 만큼 그에 상응하는 리스크도 수반되는데 모진 알바를 만나면 전단지가 쓰레기통 속에 버려지거나 앞에 등장한 곱창집 건물에서 보듯 우편함에 한 움큼씩의 전단지가 내동댕이쳐질 수 있다.

　과연 효과가 있을까? 《장사의 신》의 저자 우노 다케시 선생은 효과가 없으니 차라리 그 돈으로 손님들을 대접하라 하셨는데 한국의 실정은 많이 다르다. 일본에서 가격 대비 전단지의 효과가 적은 이유는 고비용 때문이다. 일단 인쇄비가 비싸도 너~무 비싸다. 여기에 디자인 용역비용이 추가되고, 전단지를 돌려줄 인건비까지 포함하면 답이 안 나온다.

　그러나 한국은 그렇지 않다. 온라인과 오프라인에서 전쟁과 같은 경쟁을 벌이고 있는 업체들이 있다. 이들 중 한 곳을 골라 주요 문구만 넘겨주면 기존 샘플을 변형해 내 것으로 만들어준다. 디자인료는 공짜에 가깝고, 인쇄비 역시 하루 장사 정도면 뽑고도 남는다. 만약 전단지로 효과를 보고 있는 업장들이 없다면 뭐 하러 찍어내고 또 찍어내겠는가! 효과를 보는 곳이 많으니까 계속 의뢰하고, 인쇄하고, 돌리는 것이다.

최근에는 일본도 많이 바뀌었다. 장기불황이 이어지다 보니 자구책을 모색하는데 홍보물을 한국과 중국에 의뢰해서 국제 우편으로 받는 경우까지 생겨나고 있다. 효과를 계량할 수 있을까? 있지만 결정은 여러분의 몫이다.

전단지를 인쇄하는 비용은 대략 10~20만 원이다. 더 싼 곳도 있고 비싼 곳도 있다. 온오프라인 업체들을 비교하고 또 비교하라. 어차피 당신의 주머니에서 나가는 돈이니까!

10만 원 나누기 4,000장은 25원,
20만 원 나누기 4,000장은 50원,
하루에 300장을 뿌린다고 계산하면 1일 소요되는 비용은 최저 7,500원 최대 1만 5,000원이다.
300장 중에 다행히 버려지지 않고 10%의 고객이 오면 30명, 1%의 고객이 오면 3명.
객단가를 10,000원으로 보고 300명 중에
1%인 3명만 와도 매출이 3만 원,

2%인 6명이 오면 매출이 6만 원,

3%인 9명이 와주면 매출이 9만 원이다.

이래서 "찌라시, 효과가 있을까?"라는 질문에 난 자신 있게 대답하는 것이다. "분명 있다!"고.

물론 내 계산에 인건비가 들어 있지 않은 까닭이기도 하다. 진정한 효과를 보고 싶다면 전단지 가방을 짊어지고 직접 거리로 나가라. 건네는 전단지를 외면하고 눈을 흘기며 지나가는 행인들을 보면 분명 도망가고 싶을 것이고, 혹시 아는 사람이라도 만나면 어쩌나 하는 생각에 안절부절 못하게 될지도 모르지만 장사의 근육을 만들기 위한 트레이닝이라 생각하자. 평생 써보지 않은 근육을 키우는 데는 고통이 수반된다. 언젠가는 부딪혀야 할 일. 긍정적으로 사고를 전환하자.

힌트를 좀 드리자면…. 식사를 하러 가는 샐러리맨들은 이미 메뉴를 결정한 상태다. 앞만 보고 걷고 있는 이들은 뭘 받고 자시고 할 여유가 없다. 배가 고프면 눈에 보이는 게 없으니까. 새벽에 한 번 돌리고, 점심시간에는 매장에서 열심히 서빙하고, 손님들이 빠지는 시간에 전단지를 들고 쫓아나가라. 그리고 앞집, 옆집에서 이쑤시개를 물고 쏟아져 나오는 미래의 고객들에게 당신의 전단지를 안겨라. 찬찬히 살펴보고 머릿속에 꼭 넣었다가 내일 점심 전에 떠올리시라고….

참, 그저 전단지를 건네는 것만으로는 충분하지 않다.

행인을 내 손님으로 만들기 위해서는 웃는 얼굴로 당당하게 인사를 건네야 한다. 바로 이렇게.

"목숨 걸고 만들었습니다!"

여심을
잡아라!
생리마케팅

- 홍대 〈서가앤쿡〉, 삼청동 〈눈나무집〉

[월경전증후군(premenstrual syndrome, 月經前症候群)] = 생리전 증후군

월경주기에 따라서 일어나는 여성호르몬의 변화로 인한 것으로 배란이 일어나는 여성에게만 나타난다. 그밖에는 마그네슘·망가니즈 등 미네랄이나 비타민 E 등이 부족한 여성에게 많이 발생하는 것으로 알려져 있다. (…) 월경 4~10일 전에 여러 다양한 신체적·정신적 증세가 나타났다가 월경 시작과 함께 증세가 호전되는데 현재 150여 가지 이상의 증세가 있다. 어떤 경우에는 병적으로 짜거나 단 음식을 먹고 싶어 하기도 한다. (…)

출처 : 네이버 지식백과

남자가 생리 이야기를 꺼내려니 참 거시기해서 백과사전의 내용을 인용했다. 장사에 대한 글을 쓰면서 왜 여성의 생리를 언급하는지 궁금해하는 분들이 있을 것이다. 아무도 가르쳐주지 않는, 그래서 정말 재미있는 '외식업에 있어서의 생리 마케팅'을 설명할까 한다. 이 꺼내기 어려운 이야기를 공론화시키는 최초의 인물이 될까 봐 걱정이 좀 되지만 몇몇만 아는 시크릿 마케팅 이야기가 이제 시작된다.

'여성은 한 달에 한 번 마술에 걸린다'는 카피가 있다. 누가 만들었는지 기가 막힌 광고 문구이다. 여성의 신체 변화를 이토록 아름답게 표현할 수 있다니 존경스러울 따름이다. 아마도 생리 전 여성을 만나보지 못했기에 이런 근사한 표현이 가능했을 것이다. 마술에 걸린 여성의 짜증을 접해본 사람이라면 이 정도로 미화하기는 어렵지 않았을까? 스스로를 보호하기 위한 방어막이 하도 날카롭고 예리해서 지나치게 근접하면 찔리거나 상처를 받기 쉽다.

여성에 비해 남성들은 주기적인 신체 변화가 적은 편이다. 그래서 주기적으로 특정 음식에 집착하는 경향이 여성에 비해 덜하다. 반면 여성의 경우, 생리 4~10일 전부터 식욕이 증가하고, 달고 매운 음식에 병적인 집착을 보인다. 그래서 초콜릿 회사들이 망하지 않는 걸지도 모른다. 암튼 본인의 몸속에서 벌어지고 있는 불쾌함을 외부로부터의 자극에 의존해서 해결하고자 하는 것이다. 심지어 자각 증상이

나타나면 앞뒤 가릴 것 없이 편의점으로 달려가야만 겨우 진정이 될 정도로 금단현상이 무섭다는 이도 있다.

이 쉽지 않은 고객들을 대상으로 영업을 하고 있는 업장들에서는 아마도 내가 말하려는 노하우를 알고 있는 모양이다. 이대입구, 강남역, 홍대, 서면, 충장로…. 전국 어느 상권에서든 여성고객이 많은 대박집들의 음식은 머리가 어질어질할 정도로 단맛이 강하다. 정확히 브릭스 테스트를 해보지는 않았지만 입에 넣는 순간 설탕, 꿀, 올리고당, 물엿, 뉴슈가, 신화당 등 단맛을 만들어내는 식재료의 비중이 엄청 크다는 사실을 깨닫게 된다. 자, 그럼 홍대 상권에서 새로운 신화를 창조하고 있는 '서가앤쿡'을 엿보러 출발해보자!

오늘도 웨이팅이다. 기본이 1시간이니 원. 난 정말 가기 싫은데 아내는 이 집의 소스가 종종 그립단다. 2층 가정집을 개조해 외부 테라스도 만들고 옥상 공간도 접객을 할 수 있게 그럴싸한 공간으로 재창조했다.

기다리는 수고를 마치고 레스토랑으로 진입하면 동그란 안경과 깔끔하게 손질한 콧수염으로 유명한 사장이 인사를 건넨다. 좌석을 안내 받기 위해 홀 직원을 따라가는데 정말 여자 손님이 많기는 많다. 완전 여탕이다.

서가앤쿡은 늘 진화한다. 처음 방문했을 때 메뉴판은 그저 그래 보였다. 어느 곳에서나 볼 수 있는, 함부로 쓰면 귀퉁이가 너덜거리는 코팅한 종이판이었는데… 이번에는 양장판 책자를 한 권 내준다. 어? 이 책은 스위스 힐틀 레스토랑에서 본 건데…. 아무튼 메뉴판이 상당히 탄탄해졌다. 요리에 대한 철학도 담겨 있고, 이미지도 큼직한 게 여간 공을 들인 게 아니다. 대표 메뉴인 목살 스테이크 샐러드와 버섯 파스타를 주문했다. 단 음식을 별로 좋아하지 않는 나의 꼼수가 파스타를 선택하게 하는 것이다.

하릴없이 또 주위를 살피는데 나보다 나이가 많아 보이는 손님은 보이지 않는다. 철저하게 20~30대 여성 고객을 타깃으로 '물 관리'라도 한 것일까? 자리에 앉아서도 20여 분. 이것저것 관찰을 하노라니 음식이 나온다. 조금 과장을 하면 세숫대야만 한 접시 두 개가 테이블로 옮겨진다. 서가앤쿡을 명소로 만드는 데는 단맛뿐만 아니라 이 어마어마한 양도 일조를 했다. 모든 메뉴는 균일가, 19,800원.

남자 둘이 먹기에는 좀 부족하지만 여성 고객이라면 둘이 한 접시를 해치우기도 쉽지 않다. 그러다 보니 세 명이 두 개의 메뉴를 시키는 것이 노하우라면 노하우. 돼지 목살을 스테이크 모양으로 잘라 그릴에서 구운 뒤, 샐러드를 푸짐하게 올리고, 달달한 소스를 잔뜩 뿌린 다음 제일 위에 달걀프라이를 토핑한다. 고기를 잘라 소스에도 찍어먹고, 샐러드와 함께 말아서 먹기도 하고, 반숙한 프라이를 터뜨려

전국 어느 상권에서든
여성고객이 많은 대박집의 음식은
머리가 어질어질할 정도로
단맛이 강하다

흘러내리는 노른자에 찍어 먹기도 한다.

한 가지 희한한 사실은 어떻게 먹어도 달다는 거다. 여성을 모시고 오는 남자 손님들을 위해 만들었는지 어쨌는지는 몰라도 새로 손본 메뉴들은 단맛이 거의 배제되어 있다. 그래서인지 예전보다 남자 손님들의 표정이 밝다. 모시고 왔던, 끌려 왔던 음식이 입에 맞지 않으면 미모의 여자친구도 꼴보기 싫어지는 법. 아마도 주인장은 이 점을 노렸던 모양이다. 마술에 걸린 여성 고객이야 이미 충성도가 입증되었으니 더 정성껏 음식을 내면 그만이지만, 동행한 남성 파트너를 고객으로 잡아끌지 못하면 재방문율이 떨어질 것은 불을 보듯 뻔한 일. 최근 가장 주목 받고 있는 브랜드가 된 데에는 다 이유가 있는 것이다. 어쨌든 단맛과 푸짐한 양으로 승부를 건 서가앤쿡 덕분에 많은 여성 고객들이 생리전 증후군에서 벗어나고 있다.

또 한 군데 여성 고객들에게 압도적인 사랑을 받고 있는 삼청동의 '눈나무집'이 있다. 이곳은 십여 년 전 한국경제신문에 연재했던 칼럼으로 대신하겠다.

〈눈나무집〉(종로구 삼청동)
=시루떡처럼 넓고 납작하게 굽는 의정부식 떡갈비를 파는 집.
벽을 가득 메우고 있는 신문이며 잡지의 기사들이 어색하게 느껴질 만큼 가게는 소박하고 작다. 식당에 들어가면서 달착지근한 불고기 냄새가 주린 배를 괴롭힌다. 주문을 받고 나서야 고기를 굽기 때문에 기다려야 하는 인내가 필요하다. 뜨거운 철판 위에 호일을 깔고 넓적하게 모양을 낸 간장 양념의 떡갈비가 나온다. 특이하게 이 집 떡갈비는 뼈가 없고 진짜 흰떡을 올려준다. 양념을 듬뿍 넣은 탓일까? 맛이 상당히 진하고 단맛이 머리를 어질하게 할 정도다. 얼마나 다졌는지 갈비살 특유의 쫄깃함이 없고 한입 물면 바스러진다. 이 집의 또 다른 간판 메뉴인 이북식 김치말이밥과 곁들인다면 비교적 저렴하게 떡갈비를 즐길 수 있다.

지금은 길 건너로 자리를 옮겼고, 발레 파킹이 가능해질 만큼 명소가 되었지만 글을 쓰던 당시만 해도 지하에 있던 정말 작은 집이었다. 오래전 일인데도 달달한 떡갈비와 테이블을 가득 메운 여성 손님들만큼은 기억이 생생하다. 일 때문에 삼청터널을 많이 이용하는데, 이유 없이 길이 막힌다 싶으면 백발백중 눈나무집이나 조금 더 아래쪽의 삼청동 수제비에 손님이 몰리는 때문이다.

어떻게 이 사실을 알게 되었느냐고? 한번은 약속 시간에 늦어 차 안에서도 뛰어야 할 판이었다. 징그럽게 차가 밀렸다. 그러다 씩씩대며 경찰에 신고를 할까 망설이면서 그 집 앞을 지나쳤다. 세상에! 2층으로 올라가는 계단은 손님들로, 가게 앞의 좁은 도로는 차량을 맡기는 운전자들로 말이 아니었다. 하마터면 내가 취재했던 집을 신고하는 해프닝이 벌어졌을지도 모른다.

　그 뒤 눈나무집을 지나칠 때마다 눈여겨봤다. 남자들끼리 온 손님은 거의 없고, 서가앤쿡처럼 여성들끼리이거나 커플이 대부분이었다. 만족도가 높다 보니 손님이 손님을 달고 온다. 이 집만큼 메뉴 구성이 단출하고, 가격도 착한 집은 얼마든지 있다. 하지만 같은 아이템인데도 왜 손님들은 이 집 앞에 줄 서는 것을 마다하지 않는 것일까? 아직도 모르겠다면 서두에 언급한 생리전 증후군의 정의를 다시 한번 읽어보시길.

　이 두 집의 주인장들은 생리전 증후군에 대해 이미 알고 있던 것일까? 아니면 단맛을 내세우다보니 자연스레 여성 손님들이 꼬인 것일까? 닭이 먼저냐 달걀이 먼저냐 하는 질문만큼이나 애매하고 답하기 어렵지만 만약 당신이 여성 고객들이 많은 상권에 자리를 잡을 요량이라면 꼭 참고하길 바란다. 푸짐한 양과 단맛이 킬러 콘텐츠가 될 수 있다는 점을!

　P. S.

　프랜차이즈 본사에게는 정말 미안한 소리지만, 만약 여성 고객이 많은 상권에서 가맹점으로 성공하고 싶다면 배달 받은 소스에 단맛을

10% 더 첨가할 것을 권하고 싶다.

같은 평수의 갈매기살 체인점이라고 해도 여의도 매출이 다르고 이대앞 매출이 다르다. 부산대 앞, 경성대 앞, 전남대 앞… 어느 곳이든 상관없다. 딸내미 나이 또래의 손님들을 중독시키고 싶다면 아끼지 말고 단맛을 퍼주어라.

마지막까지 내 이야기가 믿기지 않고 의심이 간다면 주변에 세계맥주를 취급하고 있는 사장들을 찾아 물어보라. 여성고객들이 선호하는 맥주는 어떤 것들이 있느냐고.

후치스. 머드쉐이크, KGB, 몬티스, 버니니…. 달달한 맥주나 과실주들이 답안지를 채울 게 뻔하다.

주인도 모르는 비밀을 어떻게 알아냈느냐고? 그렇게 궁금하면 내일부터 20년간 전국을 돌며 대한민국의 모든 먹을거리를 취재해보라. 분명 답이 보일 테니.

텔레비전에
우리 가게 나왔으면
정말 좋겠네

    방송 프로그램을 제작하는 작가들에게 일주일에 평균 두세 통의 전화를 받는다. 대부분은 선생이라 호칭을 하지만 가끔 조카뻘 되는 '새끼 작가'에게서 김유진 씨라 불리기도 한다.

    '어라! 분명 내게 필요한 것이 있어서 전화를 걸었을 텐데, 요 녀석 봐라! 야, 너 몇 살이니? 자네 부모님 연세가 올해 어떻게 되시는데?' 다그쳐 보고 싶지만 영원히 '을'로 살아야 하는 프리랜서 팔자라 그런 용기를 내기란 쉽지 않다. 유명한 프로그램에 몸담고 있는 작가들일수록 그 정도가 심하다.

    '공중파 프로그램에서 전화를 하는데 당신이 이 정도 인터뷰는 아무 때나 시간을 내줘야 하는 거 아니야? 우리 무지 바쁜데….'

뒤끝 있는 '옹졸남'인지라 "촬영 중입니다." "회의 중입니다. 나중에 전화 드릴게요."라고 속 좁은 복수를 감행한다. 어차피 나 아니면 황교익 선생한테 전화를 할 테니… 그네들의 질문은 언제나 비슷비슷하다.

"선생님, MBC ○○○ 프로그램인데요. 여쭙고 싶은 게 있어서요. 시간 좀 내주실 수 있으세요?"

"여보세요. 김유진 선생이시죠! 저희가 SBS 새로운 프로그램을 기획하고 있는데요. 찾아뵙고 상의를 드리고 싶어서요."

많은 작가들이 나를 찾는 이유는 두 가지로 압축된다. 인터넷에서 정보를 검색했는데 맞는지, 혹은 이미 아이템 선정이 끝났는데 이에 적합한 식당이 있는지를 알아보기 위해서다. 전에는 전화를 받으면 30분도 좋고, 1시간도 좋고, 알고 있는 정보들을 아낌없이 내주었다. 이렇게 '착한' 내가 180도 바뀌게 된 계기가 있다.

"왜 유명한 평양냉면과 함흥냉면 집은 다 중구에 몰려 있는 걸까요? 선생님이 최고로 꼽는 베스트3는 어느 식당이세요?"

이 질문을 시작으로 예닐곱 가지가 더 이어졌고, 난 성심성의껏 답변을 해주었다. 그리고 얼마나 지났을까. 출연한 프로그램도 챙겨보지 못하는 게으른 성격 탓에 인터뷰를 해준 방영물까지 확인한다는 것은 내게는 무리다. 그때도 그냥 여수에 내려가면서 DMB를 틀어놓았을 뿐이다.(절대 보지는 않았다. 그냥 오디오만 들었다). 그런데… 앵? 분명 내가 연출한 프로그램이 아닌데 어찌 내레이션이 내 머릿속을 스캔한 것처럼 친숙하지?

갓길에 차를 세우고 화면을 들여다보았다. 아, 그 프로그램이다. 생각이 난다. 그 뒤로 10여 분을 어안이 벙벙해진 채 화면을 쳐다보다가 화가 치밀어올라서 전원 스위치를 꺼버렸다. 나와 했던 인터뷰를 참고만 한 것이 아니라 아예 받아써서 자기 글인 양 옮겨 적은 것이다. 나에 관한 언급은 전혀 없이…. 에이 띠바!

그 뒤로 작가들의 전화를 받으면 나는 꼭 물어본다. 출연료나 자문료는 얼마나 되나요? 그들의 입장에서야 당황스럽겠지만 나로서는 나의 지적재산권을 지키기 위한 마지막 방어선인 셈이다. 프로듀서가 찾아갈 테니 한 시간만 내달란다. 당연히 인터뷰료는 없다. 오 마이 갓!

"그럼 작가님, 제가 언젠가 전화를 드려 저를 위해 한 시간만 글을 써주실 수 있느냐고 부탁드리면 공짜로 도와주실래요?" 했더니 황급히 전화를 끊는다. 왜 본인의 시간은 소중하고 상대방의 시간은 안 소중한지 모르겠다. 여러분의 가게가 텔레비전에 나오고 싶다면 이런 작가들을 상대해야 한다. 물론 이미 검증(시청률도 보장되고, 촬영 협조도 잘 되고, 저녁식사 대접까지 톡톡히 받을 수 있는 식당)이 된 식당은 다르다. 워낙 다수의 프로그램으로부터 섭외 전화를 받다 보니 이골이 난 식당 주인들은 일방적이다.

"다다음주 수요일 점심시간 끝나고 오세요. 3시간이면 되죠? 지난 번 왔던 팀 생각하면 징글징글해요. 하루 온종일 찍어가더니 달랑 5분 나오데."

선수를 치고 으름장을 놓지만 분명 방영이 되고 나면 손님이 많아진다. 그 덕에 매출도 오른다. 찾아온 이들이 알아서 블로그에 올려주니 이만저 만 좋은 일이 아니다. 친한 식당 주인 몇 분에게 물은 적이 있다.

"형님, 방송 나가면 얼마나 효과가 있어요?"

딱 2주일 간단다. 방송이 나간 뒤 2주 정도는 주방과 홀 직원을 1.5배는 늘려야 겨우 손님을 맞을 수 있단다. 아! 다들 이래서 매스 컴 매스컴 하는구나. 나야 늘 취재를 하는 입장이니 식당이 얼마를 버 는지는 관심사가 아니었다. 암튼 효과가 있다고 하니 믿어보고 어떻 게 하면 텔레비전에 나올 수 있는지 노하우를 좀 꺼내볼까. (피디들과 작가들의 생리를 누구보다 잘 알고 있으니 분명 도움이 될 것이다.)

현재 음식에 관련한 가장 영향력 있는 프로그램은 〈식신로드〉다. 이렇게 단언할 수 있는 근거가 있다.

TV 방영이 구매행동(방문율)으로 연결되기 위해서는 타깃과 반복 이 중요하다. 타깃은 연령대를 말한다. 누가 이 방송을 보고 있는지 를 분석할 필요가 있다. 상호와 전화번호도 가르쳐주지 않는(이를 드러 내면 방송심의기준에 위배된다.) 식당의 정보를 캐기 위해서 방송사에 전화 를 걸거나, 프로그램의 홈페이지를 방문해 리스트를 확인하거나 포털

방송에 나가면 확실히 좋다.
그러나 뒷돈을 요구하면
뒤도 돌아보지 말고 신고하자.

사이트의 검색창을 활용하는 이들은 누구일까? 이 번거로운 수고를 감내할 수 있는 고객층이 누구인지 곱씹어볼 필요가 있다.

〈식신로드〉에 자극 받아 식당으로 달려가는 이들은 맛에 꽤 관심이 많고, 열정적인 스타일이다. 성지 순례하듯 맛집 투어를 다니고, 열정적으로 방문기를 올린다. 이에 탄력을 받은 〈식신로드〉는 자신감이 넘쳐 보인다. 맛집을 엄선한 제작진의 수고도 눈에 보인다.

누가 그랬지? 좋은 프로그램이 오래 살아남는 게 아니고 살아남는 프로그램이 좋은 거라고. 남녀노소 모두가 좋아할 만한 스펙트럼이 넓은 아이템을 선정하는 것도 그들만의 강점이다.

게다가 현존하는 프로그램 중 가장 인기가 많은 음식 전문 MC를 모시고(?) 있지 않은가. 원래 MC라는 직업이 본인의 아이덴티티를 지키면서도 프로그램의 성격에 따라 팔색조로 변신을 하는 것인데… 모든 프로듀서와 작가들이 정준하 씨에게 족히 30년은 갈 수 있는 캐릭터를 만들어주고 시청자들에게 그 이미지를 심어주고 있다. 대한민국 최고의 '식신'이라고!

모든 것을 차치하더라도 〈식신로드〉가 가진 최고의 매력은 재방송이다. 아니 재방송에 그치지 않고 3방, 4방까지! 채널이 다른 케이블 TV와 IPTV에 팔려 또 방송되고 있다는 점은 외식업에 종사하는, 특히 취재의 대상이 되고 싶은 분은 메모라도 해두는 편이 좋겠다.

지상파 프로그램의 음식코너는 재방송의 혜택을 거의 못 본다. 각

방송국들이 음식코너만을 모아 낮 시간대에 내보내는 경우가 종종 있지만 시청자들의 발목을 사로잡을 정도의 영향력은 결코 아니다.

그 다음은 MBC의 터줏대감 〈찾아라! 맛있는 TV〉다. 두말하면 입이 아픈 프로그램이다. 경쟁하던 모든 프로그램을 물리치고 아직도 건재한 독보적인 존재인데, 프로그램은 제작자를 닮아간다는 말처럼 〈찾아라! 맛있는 TV〉를 제작하고 있는 송선희 이사, 고현 팀장, 그리고 원성진 메인 작가의 뚝심이 프로그램 곳곳에 살아 숨 쉰다. 이 밖에 KBS는 〈생생정보통〉, SBS는 〈생방송 투데이〉가 시청률을 견인하고 있다.

텔레비전에 나오고 싶다면 진심으로 음식을 만들어라. 팬들도 많이 확보해야 한다. 그러기 위한 팁 하나! 성심성의껏 만든 요리를 많은 분들에게 소개하고 싶다면 다음의 항목들을 카운터 옆에 적어놓고 대비하라.

1. 모든 재료의 원산지를 제대로 꿰고 있자

기본 재료는 물론, 양념에 들어가는 부재료까지도 원산지가 어디인지 표기하라. 구체적으로! 인간은 숫자와 증빙에 약하다. 만약 보도자료를 만들거나 방송팀의 섭외 전화를 받았을 때 "저희 아귀찜은 미국산입니다."라고 대충 대답하지 말고 앞에서 설명한 대로 "저희는 미국산을 쓰는데 청정해역인 알라스카 지역의 아귀만을 사용합니다. 쫄깃함의 비결은 바로 깨끗한 바다와 영하 43℃의 급속냉동에 있지요. 국내산보다 맛이 좀 떨어질진 모르지만 대신 가격이 엄청 착해요."라고!

2. 메인 요리의 유래와 영양가를 정확히 외워두자

방송팀들은 늘 전문가와 일하고 싶어 한다. 맛은 있는데 주인장이 요리에 대해 잘 모르면 이들의 손발이 고생한다.

3. 방송국에서 전화가 오면 음식을 그려줄 수 있어야 한다

내 요리는 이런 순서로 만들다 보니 맛이 확실히 달라요. 재료와 조리 순서, 심지어 조리기구와 접시까지 묘사를 해야 뽑힐 확률이 높아진다. "일단 와서 드셔보세요!"는 먹히지 않는다. 이미 언급하지 않았는가. 얼마나 바쁜 분들인데….

4. 출연하기 희망하는 프로그램의 제작사와 메인 피디, 메인 작가의 이름을 적어두자

가만히 있는 자에게 기회는 오지 않는다. 정말 필요하다면 편지를 정성껏 써라. 어떻게 전화번호와 이메일 주소를 알아내느냐고. 프로그램이 끝날 즈음이면 화면 아래에서 위로, 혹은 오른쪽에서 왼쪽으로 수많은 이름들이 정신없이, 마구 지나간다. 메모를 해두길. 검색을 해도 쉽게 찾아낼 수 있다.

5. 자료조사 나온 스태프들에게 푸짐함이 아닌 진심을 보이자

현장까지 방문을 한다면 80%는 성공이다. 제작진이 왔으니 평상시보다 더 신경 써서 재료를 쏟아 부어야지 마음먹었다가는 나중에 큰 코 다친다. 인간인지라 더 퍼주고 싶겠지만 이들은 제공된 음식을 기준으로 촬영을 한다. 그대로 보여줬다가 나중에 손님들에게 몰매를 맞는 경우가 허다하다. "뭐야, 텔레비전에서 나온 거랑 다르잖아!" 이런 말을 듣는 즉시 당신은 영업허가증 반납을 각오해야 할 것이다.

P. S.

돈을 요구하는 제작진이 있다면 가까운 경찰서에 신고하라. 이름도 생소한데 방송국에서 맛집 취재를 한다고 하면서 은근슬쩍 돈을 요구하는 정체불명의 회사들이 꽤 많다.

하루 종일 촬영했는데 몇 분 안 나왔으면 '우리 식당의 매력이 거기까지인가 보다' 하고 넘어가라. 촬영장에 나가는 피디들은 그 프로그램을 담당하고 있는 팀장에게 검수를 받고, 또 스테이션의 책임 프로듀서에게도 최종 분량에 대한 컨펌을 받아야 한다. 여러분이나 식

당이 미워서 그런 것이 아니고 다른 아이템에 비해 덜 매력적인 것이
니 이해하기 바란다. 하고 싶은 이야기가 너무 많지만 지면 관계상 여
기서 이만….

'싸가지 없는'
B급 파워블로거에
대처하는 법

　파워블로거는 제6의 권력으로 불린다(제7의 권력이라고 하는 이들도 있다). 입법, 사법, 행정, 매스컴, 시민단체에 이어 이 사회를 움직이는 여섯 번째 힘이라는 뜻이다. 그만큼 온라인 매체의 파워가 세졌다는 이야기고, 다수의 추종자(?)들을 거느리고 있는 파워블로거들의 입김이 강력해졌다는 반증이다(이 글을 쓰고 있는 이 시간에도 파워블로거들이 무서워 나는 손가락이 떨린다. 파워블로거라는 단어를 입력할 때마다 오타가 날 정도다).

　파워블로거는 포털사이트의 검색창이 낳은 결과물이기도 하다. 누군가 무엇인가를 찾고 싶을 때 포털사이트에 검색을 하면 결과 리스트의 상단에 자리 잡고 있는 파워블로거의 사이트로 자연스레 유입된다. 애초 파워블로거는 포털사이트들이 네티즌의 참여를 유도하기 위해 권력을 상징하는 엠블렘을 부여했던 데서 출발한다. 블로그를 방문한 이가 스크롤의 압박이 느껴질 정도로 방대한 자료에 매료되고 팬이 되면서 충성도가 높아졌다.

그러는 사이 부작용도 발생했다. 이 무시무시한 권력을 악용해 자기 욕심을 채우기에 급급한 파워블로거들이 적발되기 시작했고 위용을 떨치던 대한민국의 대표 파워블로거들은 0과 1의 비트 속으로 몸을 숨겼다.

하지만 그것도 잠시, 다시금 온라인 권력의 핵심 자리를 꿰차는 데는 그리 오랜 시간이 걸리지 않았다. 우리는 파워블로거들 덕분에 많은 것을 얻었다. 정치, 사회, 경제, 문화, 의식주, 생노병사… 어느 장르에서도 발군의 실력을 발휘하며 이미지와 문장을 생산해낸 덕에 큰 수고를 들이지 않고도 최신 정보를 접할 수 있었다. 많은 이들이 감동했고, 엄청난 정보를 퍼나르며 그들에게 권력을 선사했다.

여기까지는 그나마 좋았다. 파워블로거를 흉내 내는 가케무샤(그림자 무사)들이 등장하며 판도가 바뀌었다. '나도 충분히 파워블로거가 될 수 있겠는데…?' 하는 이들.

그들은 자신이 추종하던 선배 블로거들을 넘어서기 위해 더 많은 시간과 노력을 기울였고, 방문자 수만 따지자면 오히려 자신들의 우상을 넘어서기도 했다. 통제가 가능해야 권력이거늘 무소불위의 허상은 도를 넘어서기 시작했다.

식당 안 오후 1시

주인 : (신문을 읽고 있다가 가게로 들어서는 손님을 보고) 어서 오세요. 식
      사하시게요?

블로거 : (식당을 둘러보며 디지털 카메라의 셔터를 누른다) 여기 원래 손님
        이 이렇게 없어요?

주인 : 아니에요. 식사시간이 지났으니 다 빠진 거죠. 뭘로 하시
      겠어요?

블로거 : 오리전골 잘한다고 해서 왔는데. 1인분도 되나요?

주인 : 원래는 2인부터 주문이 되는데 일부러 찾아오셨으니 해드
      려야죠. 실장님, 여기 오리전골 1인분 뚝배기에 해주세요.

블로거 : 사진 찍어야 하는데 양이 적어도 상관없으니 전골냄비에
        주시면 안 되나요?

주인 : (신문을 접으며) 아니, 근데 아까부터 사진은 왜 자꾸 찍으시
      는 거예요? 기자분이신가?

블로거 : 아니에요. 블로그에 올리려고요.

주인 : (망설이다가 주방을 쳐다보며) 여기 뚝배기 말고 전골냄비에 해
      주세요. 육수 좀 넉넉하게 두르고요. 그 블로근가 뭔가 하
      면 홍보가 아주 잘된다고 하던데.

블로거 : 잘되는 집도 있고 안 그런 집도 많아요.

(테이블 가스레인지에 전골냄비를 올리며 주인이 다시 묻는다.)

주인 : 그거 홍보 한 번 하려면 돈이 얼마나 드나요? 이놈의 불경
   기 때문에 죽겠네요.

블로거 : (농담조로) 비싸요. 얼마나 많은 사람이 보는데요.

주인 : 얼마나 하는데요? 우리 선생님이 잘 써주시면 내가 한턱
   톡톡히 내리다.

블로거 : 아저씨 시원시원 하셔서 좋네요. 모레까지 올릴 테니까
   보시고 전화주세요.

이 정도는 애교다. 내게 컨설팅을 의뢰했던 한 부부의 이야기는 기
를 막히게 만들었다.

블로거 : (자리를 잡자마자) 내가 정말 못살아! 이 인간하고 헤어지든
   지 해야지.

남편 : (주차 때문인지 뒤쫓아 들어오며) 이야, 유료주차장도 꽉이네. 세
   상에!

블로거 : 내가 회 먹고 싶다고 했잖아! 꼭 구질구질하게 이런 데
   를 와야 해?

남편 : 여기 유명한 집이야. 왜 자꾸 승질을 내? 가만 있으니까
   ×로 보이나? 너 오늘 두 집 돌아야 한다면서. 먹고 가면
   될 거 아니야!

블로거 : (카메라를 꺼내 못마땅한 표정으로 사진을 찍기 시작한다) 이 기분에
곱창이 들어가겠어? 왜 이렇게 똥파리는 날아다니고 난
리야, 짜증나게.

먹는 내내 큰 소리가 오갔고 아내의 분이 풀리라고 서비스 음료까
지 가져다줬는데도 나갈 때까지 인상이 구겨져 있었다고 한다.

며칠 뒤 전화가 왔다. 사나흘 새 거짓말처럼 손님이 뚝 끊어졌단
다. 그나마 컨설팅 후 올라갔던 매출이 고꾸라져 회복의 기미가 보이
지 않는단다. 이유를 묻자 누가 블로그에 글을 올렸는데 악의적인 내
용으로 가득 차 있었다고 한다. 매장으로 달려가 부부와 함께 사이트
를 확인했다. 화가 치밀어 견딜 수가 없었다. 하나부터 열까지 경쟁
업체에서 사람을 푼 것이 아닐까 하는 의문이 들 정도로 강도가 세고
멘트가 잔인했다.

사진을 찬찬히 살피던 아주머니가 며칠 전 식당에서 부부싸움을
했던 두 사람을 떠올렸다. 아무래도 그 젊은 부부 같다면서. 주차장
이야기부터 똥파리까지 분명 그 사람들이라고. 애프터서비스를 하는
차원에서 나는 두 가지 방안을 제시했다. 일단 쪽지를 보내보고 안되
면 극단적인 방법을 택하자 했다. 이러다 더 망가지는 거 아닐까 두
려워하는 눈치였다. 보낸 쪽지의 내용은 이랬다.

'기분이 나쁘셨다면 카드결제를 취소해드리겠습니다. 손님이

딱 끊고 나니 막막하네요. 깎인 점수를 만회하고 싶으니 기회를 한 번 주세요. 다시 오시면 정말 성심성의껏 모시겠습니다. 사이트에 올린 글을 내려주시면 안될까요?'

부부는 억울해했지만 조카뻘 되는 손님에게 읍소할 수밖에 없었다. 그날 저녁 거친 표현 몇 군데가 삭제된, 그러나 "맛은 주관적인 것이니… 제 입맛에는 영 아니었어요."라고 수정된 블로그를 보며 부부와 쓴 소주를 삼켰다. 표현의 자유가 있다고? 미안하지만 법적으로는 그렇지 않다. 1 : 1일 경우가 아니고 대중을 상대로 악의적인 글을 유포하는 경우에는 명예훼손에 해당한다.

블로그 글 하나를 가지고 소송까지 가야겠느냐며 대부분은 눈물을 삼키고 말지만 정말 잘못한 것이 없다면 포털사이트에 의뢰를 하는 것이 바람직하다. 신고를 하면 포털 쪽에서 판단을 하고 블로그 운영자에게 연락을 취해 글을 삭제하거나 제재를 가한다. 소송으로 이어지는 잡음을 막기 위해 포털사이트에서도 최대한의 노력을 기울이는 것이다. 연예인의 실명이 거론된 노출 사진이나 형이 확정되지 않은 소문 등을 퍼 나를 경우 포털 쪽에서 강력하게 제재하는 이유도 여기에 있다.

만약 1회로 그치지 않고 지속적으로 비방, 비난의 글을 올리는 블로거를 발견했다면 그의 인생을 위해서라도 변호사와 상의하기 바란다. 앉아서 당하는 것만이 상책은 아니다.

P. S.

블로거들로부터 많은 비난이 있을 줄 아나 최소한의 예의는 지키자는 읍소를 하는 것이니 이해하기 바란다. 세상은 넓고 올릴 글은 많다. 당신의 소중한 시간을 한 가족을 궁지로 몰아넣는 데 사용하지 말기를 엎드려 부탁드린다. 물론 허리 잘린 한반도의 온라인 문화를 발전시켜준 파워블로거들에게는 허리 굽혀 감사의 인사를 드리고 싶다.

마지막으로 지금 이 시간에도 인터넷 홍보 업체의 꼭두각시가 되어 돈을 받고 칭찬과 비난을 일삼는 B급 파워블로거들에게는 충고하고 싶은 말이 있다. "부모님이 주신 예술적 재능은 그렇게 싸구려로 쓰는 것이 아니다. 권력을 남용한 자들의 최후가 어떤 모습인지 한 번만 뒤돌아보라."

외식업의
세계적 트렌드가
궁금하세요?

- 스위스 〈힐틀HILTL〉, 일본 〈모쿠모쿠〉

승률이 좋은 컨설턴트이다 보니 매스컴이나 프랜차이즈, 그리고 대기업 외식사업부로부터 늘 받는 질문이 있다.

"내년 대한민국 외식업의 트렌드는 어떨 것 같습니까?"

아주 솔직히 자수를 하자면 이 땅의 외식업 트렌드는 몇몇 핵심 인력에 의해 좌우된다. 창피하니 내 얘기는 여기서 빼도록 하자.

어쨌든 나 같은 컨설턴트에게 가장 열의를 가지고 접근을 하는 곳은 대기업의 외식업 팀이다(회사에 따라 부서명이 좀 다르다). 대기업이 동네 빵집이나 분식집까지 넘본다며 비난을 받고 있지만 그들의 노력은 눈물겨울 정도로 애절하다. 팀이나 본부 차원에서 지원 요청을 하는 경우는 드물고 나는 주로 담당자들의 '콜'을 많이 받는 편이다.

"선생님, 요사이 일본 오사카 지역에 디저트 카페가 뜬다고 하는데 소개 좀 시켜주세요."

"월말까지 신메뉴 개발 기획안을 제출해야 하는데 미국의 열대 과일 카페 담당자에게 이메일 한 통만 보내주십시오."

"저희 회장님이 유기농 광팬이세요. 매출 대비 2% 이내에서 러닝 로열티 계약이 가능한 유럽 유기농 레스토랑은 어떤 게 있을까요?"

나름 스터디를 한 모양이다. 정확하지는 않지만 웹서핑도 하고 경제 매거진도 읽은 냄새가 난다. 트렌드는 외식업의 생명이다. 냉면이나 한정식처럼 할아버지, 아버지로부터 물려받은, 전통적인 가문의 외식업이 아니라면 흐름을 읽는 것이 정말 중요하다.

트렌드에 가장 민감하게 반응하는 곳이 대기업이기에 확실히 요청사항이 구체적이다. 이런 친구들은 마음에 든다. 반면 날로 먹으려는(?) 친구들도 있다. 프랜차이즈를 꿈꾸는 소규모 업체의 신규사업팀이나 마케팅팀의 직원들이 대개 그러한데, 단도직입적이고 추상적으로 질문을 해댄다.

(이들을 폄하하려는 의도는 전혀 없으니 분노하지 마시라. 그저 같은 사업본부 내에 이렇게 열심히 살고 있는 분들도 있다고만 이해해주면 감사하겠다.)

"가맹점 100개짜리 구상 중인데 '빵' 터질 만한 모델 없을까요?"

"제가 이번에 독립을 했는데 족발로 승부를 보고 싶습니다. 매운 바비큐 족발 어떨까요?"

"미국산 아귀를 수입하는 물주가 레스토랑에 투자를 하겠답니다.
1만 원 아귀찜 죽이지 않습니까!"

어찌 되었든 이 시대 외식업의 헤게모니를 장악하고 수익을 극대
화하겠다는 의지이니 열정에 손뼉 칠 따름이다. 한데 아쉬운 것은 트
렌드를 읽는 공식을 이해하지 못하고 있다는 사실이다. 'something
new item'이면 성공할 수 있다고 오판을 하는 경우가 많다. 듣도 보도 못
한 새로운 아이템은 짧은 시간 안에 소비자들의 눈과 귀를 잡아챌 수 있다
는 장점이 있지만, 반면 그만큼 도전적인 소비 성향을 가진 고객을 상대로
마케팅을 해야 한다는 단점을 가지고 있다. 즉 젊은 층은 공략할 수 있
겠지만 중년 이상은 끌어들이기 어렵고, 지역적으로도 아무 곳에서나
하루 종일 먹을 수 있는 음식이라면 굳이 이 변두리까지 손님들이 찾
아오겠는가? 강남의 소비자들에게는 먹힐지 모르지만 강북의 소비자
들에게는 외면당할 가능성이 높다는 점을 인지하고 사업을 전개해야
한다.

해외 컨설턴트들과 공동 작업을 하면서 많은 것을 가르치고 배웠
는데, 이 경험들이 내게 트렌드를 읽는 큰 힘이 되었다. 트렌드는 현
상이기에 그 현상을 가능케 했던 조건들을 역으로 밝혀내면 향후 트
렌드를 읽는 혜안을 지닐 수 있을 것이다. (1~2년만 영업하고 권리금 챙겨
뛸 생각이라면 이 장을 읽지 않고 건너뛰어도 무방하다.)

트렌드를 미리 읽고 성공하는 외식업체를 만들고 싶다면 다음의
두 가지는 반드시 외워라.

1. 'something special'한 아이템을 찾아라. (힐틀)
2. 미래지향적인 아이템에 목숨을 걸어라. (모쿠모쿠)

강의를 할 때마다 난 "엉뚱한 데 예산 집행하지 말고 스위스의 힐
틀HILTL 레스토랑을 방문하세요."라고 말하곤 한다. 힐틀은 1898년에
오픈한 스위스 최고最古의 베지테어리언 레스토랑이자 유럽 최고最高
의 유기농 뷔페다.

매일 2,500인분의 요리를 준비해야 하는데, 주방의 구성이 아주
흥미롭다. 전 세계에서 모인 셰프들이 유기농 재료를 이용해서 각자
모국의 특색 있는 음식을 만들어낸다. 일반적으로 우리가 뷔페에서
맛볼 수 있는 쌀 요리는 흰밥과 잡곡밥, 죽, 볶음밥, 리조또 정도가 전
부인데 힐틀에서는 20~30여 종의 다양한 쌀 요리가 제공된다. 샐러
드도 이탈리안, 프렌치, 아메리칸 스타일에 그치지 않고 방글라데시,
몽골, 스리랑카, 수단 스타일까지 만날 수 있다. 눈이 호강하고 입이
행복해지는 레스토랑이다. 한 자리에서 150여 종의 유기농 요리를 먹
을 수 있다는 것만으로도 힐틀은 'Something Special'하다.

특이해서 '스페셜'한 것이 아니라 음식을 먹은 모든 이들이 행복해

지기 때문에 '스페셜'하다. 특별하다는 이유로 거부감이 들거나 꺼려진다면 그것은 '스페셜'이 아니다. 소비자에게 만족을 전달해줄 수는 있지만 행복감을 느끼게 만들기란 쉽지 않다. 힐틀은 맛과 건강, 그리고 행복을 추구하는 인간의 욕망까지 만족시켜주는 성지여서 특별하다.

"딱 한 가지 아쉬운 점은 접시에 담은 음식의 무게를 카운터에서 재기 때문에 상당히 비싸져요."라고 했더니 주인장ROLF HILTL이 내게 농을 친다.

"그래서 우리가 100년 넘게 버티고 있는 거예요. 주머니 사정 생각해서 음식을 덜 담으면 당신 다이어트에 도움이 될 걸요!"

하하하. 유쾌한 만남을 마치고 돌아서며 생각했다.

'식당의 음식은 그 레스토랑의 주인을 닮는 거야.'

트렌드를 읽는 데 또 한 가지 중요한 포인트는 미래지향적이냐는 것이다. 단언컨대 레드오션 업종에 전 재산을 투자할 사람은 없다. 다들 블루오션 비즈니스에 집착하는 게 당연한 일일지도 모른다. 레드오션 업종의 대표주자라면 삼겹살이나 프라이드치킨을 들 수 있다. 이미 너무 많이 포진해 있어서 진입장벽은 낮지만 그만큼 성공 확률도 낮다. 미래지향적인 아이템을 바라보는 시각은 전문가에 따라 다르지만 난 이렇게 규정한다.

1. 지금보다 미래에 더 각광받을 수 있는 아이템

2. 시간이 갈수록 평가가치가 높아지는 아이템

3. 인간은 물론 자연에도 도움이 되는 아이템

4. 미래에도 수익이 보장되는 아이템

미래지향적 외식업이 궁금한가? 그럼 나와 함께 오사카행 비행기
에 탑승해보자.

모쿠모쿠 레스토랑도 힐틀처럼 유기농 뷔페다. 매장의 규모는 힐
틀보다 한없이 작지만 일본 외식업계에 미치는 영향력은 힐틀이 유럽
에 미치는 그것에 비해 절대 작지 않다. 아니 훨씬 더 높게 평가 받고
있다. 그 이유는 모쿠모쿠가 농장을 보유하고 있기 때문이다. 정확히
설명을 하자면 모쿠모쿠 레스토랑이 농장을 가지고 있는 것이 아니라
모쿠모쿠 팜이 레스토랑을 운영하고 있다고 해야 맞다.

오사카와 나고야의 중간 지점인 미에현에 자리 잡고 있는 모쿠모
쿠 농장은 식재료를 키우는 단순한 농업의 형태가 아니다(수년 전 MBC
에서 다큐멘터리로 방영을 했으니 궁금한 분은 DVD를 구매하거나 유튜브에서 찾아보시
라). 돼지사육 농가 다섯이 뭉쳐 2차 가공 상품을 만들다가 우여곡절
끝에 '미래농업의 꿈'으로 불릴 정도로 대박 신화를 낳은 것이다. 지
금은 스타 마을이 되었고 매년 50여 만 명의 관광객과 연수생들이 다

모쿠모쿠 유기농 뷔페.
맛과 건강, 그리고
행복을 추구하는 욕망까지
만족시켜주는 성지로 느껴진다.

녀간다. 이 농업법인이 운영하는 곳이 바로 모쿠모쿠 유기농 뷔페다.

규모는 크지 않다. 그러나 만족도는 아주 높다. 형형색색의 채소와 샐러드, 조림, 튀김, 파스타, 리조또 등 비닐봉지만 있으면 몰래 가방에 넣어오고 싶을 만큼 요리들이 예쁘고 맛있다.

그런데 왜 미래지향적이냐고?

요리 그릇들이 세팅되어 있는 바로 뒤 벽면에 그 식재료를 만든 사람들의 사진이 걸려 있다. 자세한 설명과 함께 말이다. 바코드를 박아 넣은 생산물 이력제도 좋은데 이건 차원이 다르다. 이미 유기농 식재료라는 인식이 심어져 있는 데다 그 재료로 만든 맛깔스러운 요리를 먹으려는 순간 앞에 보이는 사진 속에서 착한 농부가 나를 보고 웃고 있으니 입에 넣기도 전에 '건강하고 맛있는 음식'이라고 뇌로부터 온몸에 지령이 내려진다. 심장 박동이 빨라지고, 양볼에 침이 고이고, 배에서 꼬르륵거리고 난리다. 바로 옆 레스토랑은 고작해야 10여 명이 줄을 서고 있는데 모쿠모쿠는 웨이팅 시간만 한 시간 반인 까닭을 알겠다. 가격이 고급 뷔페의 1.5배인데도 난 어느새 나를 설득하고 있었다.

'괜찮아. 유기농이잖아. 게다가 농사지은 분하고도 인사를 했잖아. 매일 먹는 것도 아니고… 내가 건강해져야 가족을 먹여 살릴 거 아니야.'

유기농이어서, 농장이 있어서 미래지향적인 것은 아니다. 각 코너에 있는 셰프들과 눈이 마주치면 소시지와 말린 생선을 구워주고, 방금 한 밥으로 만든 주먹밥도 쥐어준다. 옆 코너의 직원은 순서를 기다렸다는 듯 환한 미소로 인사를 하고 샐러드를 만들어준다. 칸칸이 나뉘어 있는 채소칸과 소스칸의 번호를 2, 6, 8, 11, 17…식으로 불러주면 재료를 섞고 소스를 얹어 고객에게 내준다. 힌트를 줬으니 조만간 국내 패밀리 레스토랑에서도 이런 자상한 서비스를 받을 수 있을라나? 10여 종의 음료 앞에서 뭘 고를까 우물쭈물 거리고 있으면 유니폼을 입은 직원이 다가와 "매실차 좋아하세요?"라고 묻는다.

더 무엇을 바라겠는가. 모쿠모쿠를 나설 때면 일부러 큰소리로 인사를 한다.

"잘 먹었습니다. 고맙습니다. 감동했어요. 또 올게요".

덕분에 카운터의 직원들이 내 얼굴을 기억한다. 아니 내 동그란 안경을 기억한다. 2014년에도 위의 두 가지 아이템이 트렌드가 될 것이다. 아니 내가 그렇게 만들 것이다.

부록

1. Must Go! 콘셉트별 대박집
2. 한국형 장사의 신, 그들을 만나는 곳

Must Go!
콘셉트별
대박집

밥장사의 기본

일미식당 서울시 종로구 삼일대로 428 낙원상가 지하1층 148호 (낙원동) | 02-766-6588

채널A '착한식당' 1호이자 〈찾아라 맛있는 TV〉 '더맛' 선정 1위 밥집. 식당의 기본인 밥 짓기의 교과서. 밥이 맛있으면 '조금 그렇고 그런 반찬들'도 맛있게 느껴진다. 계산하면서 맛있었다고 너스레를 떨며 노하우를 물어보면 친절하게 밥 짓기 노하우를 설명해준다. 귀를 쫑긋 세우고 이야기를 듣되 눈으로는 밥통이 몇 개고 어느 브랜드인지 반드시 확인할 것. 게으르면 절대로 성공할 수 없다. 그렇다고 무조건 열심히 하라는 소리가 아니다. 열심히 하는 것보다 잘하는 것이 중요하다.

2014년 대박예감! 1% 특별한 호프집

봉구비어 http://www.bonggubeer.com/

프랜차이즈 개시로 가맹점이 많아졌으니 직장이나 집에서 가까운 곳을 방문하라. 1,000원 노가리 열풍이 지나가고 생기기 시작한 '스몰비어'의 원조로 보면 된다. 크림생맥주를 2,500원 받으면서 배치한 안주의 구성이 얄밉도록 똑똑하다. 생맥주와 환상의 궁합이라는 짭조름한 감자튀김을 5,000원에 판다. 20~30대 젊은 층에게 전폭적인 지지를 받으며 전국으로 뻗어나가고 있다. '싸고 맛있으면 팔린다'를 여실히 입증하는 소규모 창업의 좋은 예다.

고객이 좋아하는 수제비의 참고서

삼청동수제비 서울특별시 종로구 삼청로 101-1(삼청동) | 02-735-2965

삼청동을 찾는 내외국인이 가장 많이 찾는 식당. 추위와 더위를 아랑곳하지 않고 줄을 선 손님들의 공통된 화제는 매출이다. "이렇게 잘되면 1년에 얼마나 벌까?" 10~20년 살림을 한 주부들이라면 맛의 노하우를 충분히 찾아낼 수 있으니 임대료 부담 없이 5년 이상 버틸 자신이 있는 분들이라면 한번 도전해 보시라! 되는 사람은 무슨 일이 있어도 되는 모양이다. 손님은 늘어나는데 사골 가격은 지속적으로 떨어지고 있으니 말이다.

행복을 주는 레스토랑

오키친 서울시 종로구 종로1길 50 더 케이 트윈타워 지하 1층 (중학동) | 02-722-6420

프렌치 오너 요리장 요나구니 스스무가 운영하고 있는 알 만한 사람은 다 아는 레스토랑이다. 고기장사는 '약속한 양만큼 양심적으로 판매한다면 절대 망하지 않는다'는 사실을 완벽하게 입증하는 집. 오키친의 티본스테이크만큼 두툼하고 큼직하게 손님들에게 접대할 자신이 있다면 당신을 '전국에서 두 번째로 잘하는 착한 스테이크 레스토랑'으로 인정해드리겠다. 레스토랑 입구에 있는 '속이 보이는' 고기 숙성고를 5분 이상 쳐다보고 있으면 장사의 정답이 보일 것이다.

해산물 데코레이션의 교본

고래불 서울시 강남구 논현로79길 62 | 02-556-3677

기분 좋은 상차림은 슬라이스한 레몬을 사이사이에 끼워 넣은 물 티슈에서부터 시작된다. 이어지는 해산물 코스는 북경에서 최고로 인정받고 있는 '따동(大董)'의 문화요리를 연상케 한다. 얼음 눈꽃 위로 솟아 있는 영덕의 자연산 굴을 필두로, 유럽에서 최고급 재료로 인정받는 거북손, 벚꽃이 핀 것 마냥 선홍색이 도드라지는 고래고기, 헤엄치는 모습을 재연한 꽃새우 등 음식 데코레이션 차원에서는 교과서로 불리는 집이니 카메라를 꼭 지참하기 바란다. 제대로만 응용하면 대천, 여수, 백령도 해산물 전문점을 얼마든지 만들 수 있을 것이다.

가격 대비 성능비(=고객 만족)

한소반쭈꾸미 경기도 성남시 수정구 청계산로 589-1 (상적동) | 031-751-7500

수도권에서는 김포의 '그집'과 함께 '투톱(Two Top)'으로 인정받는 집. 보통 1인분에 7,000원에서 1만 1,000원 하는 주꾸미를 9,500원 받는데 허브티와 샐러드, 메밀전, 비빔대접, 럭셔리한 자판기 커피까지 내놓는다. 성공의 핵심은 가격 저항선에 있다. 1인분에 7,000원 밑으로 받으면 싸구려려는 의심을 받고 1만 2,000원이 넘으면 도둑놈이라는 원성을 듣기 마련인데, 전국 평균 가격인 1만 원보다 500원 덜 받으면서 매력적인 3~4가지 음식을 더 내놓으니 대박이 날 수밖에! 대부분 손님들은 한 손으로 카드를 건네고 주인장은 두 손으로 응대하기 마련인데 이 집은 반대다. 그만큼 손님들이 찾고 또 찾는다는 소리.

세계 요리는 이렇게

툭툭 서울시 마포구 연희로 37 지하1층 (연남동) | 070-4407-5130

타이 요리의 새로운 강자. 태국의 카오산로드에 있는 레스토랑을 그대로 옮겨온 것 같은 분위기. 오픈 주방에서 태국인 요리사 3인방이 열심히 요리를 만들고 홀 서버들은 목숨을 걸고 손님들에게 친절을 베푼다. 외국과 비즈니스를 하시는 분들이라면 눈여겨볼 만한 식당. 로컬 요리사를 데리고 와 현지의 맛을 그대로 재연하고 가격은 상식선의 60~70%만 받는다면 당신도 장사의 신 반열에 오를 것이다.

살아남기 위한 셀프시스템

천진포차 서울시 종로구 율곡로3길 79 (소격동) | 02-739-6086

외식업의 천재(?)가 운영하는 만두집. 10년 가까이 단골인데도 아직 주인장을 만난 적이 없다. 한국어가 통하지 않는 중국인 주방 아주머니들에게 주문하는 방법은 의외로 간단하다. 벽에 적힌 메뉴를 가리키고 손가락으로 인분을 표시하면 된다. 주문에서 계산까지 전부 셀프 시스템. 그런데도 불편하지 않은 이유는 본토 만두에 대한 호기심과 아담한 식당 사이즈 덕분이 아닐까? 작은 식당의 효율을 공부할 수 있는 좋은 기회가 될 것이다.

언젠가는 1등하겠지요

능라 경기도 성남시 분당구 산운로32번길 8 (운중동) | 031-781-3989

평양냉면 전문점 중 가장 후발 주자임에도 어마어마한 속도로 팬을 확보하고 있는 냉면계의 앙팡테리블. 아무도 흉내 내지 못할 것이라던 '21세기 남한 스타일 평양냉면'을 원작자만큼이나 야무지게 만들어낸 신흥 강자다. '육수가 기복이 심하다'는 평도 있으니 감안해서 방문하시길 부탁드린다. 식당 한가운데 자리 잡고 있는 통유리 속의 제분기와 작업하는 스텝의 모습이 인상적이다. 막국수나 칼국수 그리고 냉면집을 구상하고 있다면 이 '실내 방앗간' 아이디어는 무조건 도입하기 바란다. '흉내 낸 맛' 이상의 감동을 고객들에게 전해줄 수 있을 테니. 중국산이라는 원산지 표기 대신 '내몽고산'이라는 표현이 주는 안도감과 신뢰도 한몫 거든다.

고기장사의 정석

새벽집 서울시 강남구 도산대로101길 6 (청담동) | 02-546-5739

1일 매출이 1,000만 원 가까운 집은 언급하고 싶지 않았지만 새벽집만은 예외다. 영업시간의 차별화(24시간 영업)와 스마트한 메뉴(육회비빔밥에 따로국밥 서비스) 구성으로 독주하고 있는 대한민국 대표 고깃집. 누구나 고기 장사를 할 수 있지만 아무나 1년에 100억 원씩 매출을 올릴 수 있는 것은 아니다. 그렇게 돈을 많이 버는 데도 아직도 주인장은 직접 고기를 구입하고 손님들 보는 앞에서 재단을 한다. 부지런함에 똑똑함까지 갖췄다. 이유 없이 '남의 살'이 좋은 고기 마니아, 법인카드로 회식하려는 직장인, 처갓집 식구들에게 점수 따려는 사위, 클럽에서 나와 2차 하려는 젊은 청춘, 집에 들어가기 싫은 기러기 아빠, 올나이트로 속 쓰린 주당들, 고기 좋아하고, 술 사랑하고, 해장국 먹지 않고서는 귀가하지 않는 손님들이 24시간 불침번 서듯 새벽집을 지키고 있다.

서울 사람들이 좋아하는 김치찌개 맛

장독대김치찌개 서울시 강남구 학동로97길 72 (청담동) | 02-543-7754

내 눈으로 직접 확인하지는 못했으나 '100% 유기농 김치로 만든 김치찌개'라는 콘셉트를 최초로 앞세운 전문점. 실내분위기는 딱 기사식당이지만 대한민국에서 가장 '물'이 좋은 김치찌개집으로 더 유명하다. 클럽 좋아하는 젊은 청춘들 덕분에 심야나 새벽에 더 붐비는 식당. 반대로 낮에는 주변 샐러리맨과 택시기사 들이 매장을 꽉 채워준다. 단일 메뉴이니 주방 인력을 줄일 수 있어 좋고, 회전율 빨라 좋고, 고기 사리 덕분에 술까지 쏠쏠하게 팔리는 매력적인 식당이다. 혼자 가면 합석 100%. 김치찌개집을 염두에 두고 계신 분들이라면 남부터미널 근처 짱꼬방 김치찌개도 반드시 방문해보시길. 맛은 따지지 말고 식당 곳곳에 걸려 있는 김치 생산자들의 환한 미소들을 머릿속에 꼭 담고 나올 것!

생선회 장사의 달인

강진수산 서울특별시 마포구 마포대로 63-8 삼창빌딩 지하1층 (도화동) | 02-704-0744

여기저기서 끌어 모아 5~6억 원만 여유자금을 만들 수 있다면 오피스타운에서 내가 직접 해보고 싶은 회 뷔페식당. 20여 가지 생선회와 20여 가지 채소 샐러드를 먹고 싶은 만큼 접시에 덜어 카운터에서 계산하는 시스템. 깻잎과 마늘까지도 100g에 2,000원씩 지불해야 하는 까닭에 버리는 음식이 거의 없다. 매운탕과 구이가 상대적으로 저렴해서 가게를 나올 때 "자~ 알 먹었다."는 소리가 절로 나오지만 지갑에 접혀 들어간 카드명세서는 그리 착하지 않다.

3개의 간판

명동쭈꾸미부대찌개 서울특별시 중구 명동4길 23 (명동2가) | 070-8871-6788

건물 밖에서 바라보고 있노라면 영락없이 3개의 매장이다. 명동알쌈쭈꾸미, 최씨아저씨부대찌개 그리고 할매빨간냉면. 간판이 3개 붙어 있지만 영업은 2개 층에서만 하고 있다. 대신 어느 층에서든 주꾸미나 부대찌개, 냉면을 주문할 수 있고 3가지를 동시에 맛볼 수 있는 세트메뉴도 있다. 명동을 지나다니는 젊은이들이 가장 좋아한다는 주꾸미와 부대찌개, 매운 냉면을 모두 잡고, 사계절 손님을 끌어들이려니 이 방법밖에 없었나 보다. 2개의 매장에 3개의 간판이라는 꽤 괜찮은 아이디어, 참고해볼 만하다.

이 세상 모든 2등을 위하여

서동관 경기도 고양시 일산서구 호수로856번길 7-7 (대화동) | 031-922-7463

대한민국 곰탕의 대명사 '하동관'과 아주 비슷한 콘셉트로 일산 일대를 휘어잡은 곰탕집. 탕 스타일이며 놋그릇, 상차림 등을 정물화처럼 모사한 덕분에 종종 비웃음을 사기도 하지만 오히려 깨끗한 탕 맛과 고소한 육향이 원조집을 능가한다는 평가를 받기도 한다. 독자적으로 음식 개발하기 어렵다면 유명 맛집을 베끼는 것도 방법이다. 대신 베끼려면 1만 시간의 시행착오를 겪더라도 제대로 베껴라! 그래야 살아남을 수 있다. 모방은 창조의 어머니라고 하지 않는가! 원조보다 단 한 가지라도 뛰어나지 못했다면 그 많은 프랜차이즈들과 아이돌 그룹들이 살아남을 수 있었겠는가?

대한민국 국가대표 보양식

잿놀이 강원도 고성군 토성면 잼버리동로 383 | 033-637-0118

대한민국 건강 보양식 중 최고의 비주얼을 자랑하는 식당. 주인 아주머니를 졸라 서울과 부산, 광주, 대전, 대구에 가맹점 하나씩 차리고 싶은 '문어 넣은 백숙집'. 백숙 한 마리에 4~5만 원, 손바닥만 한 자숙 문어 한 마리가 3~4만 원씩 해대는 작금의 상황을 고려한다면 10만 원이라는 돈이 전혀 아깝지 않을 정도로 내용이 충실하다. 40~70대를 상대로 하는 편안하고 건강한 보양식집을 차리고 싶은 분들에게는 강력 추천한다. 남은 백숙과 반찬들을 전부 싸달라고 하는데도 방긋 웃는 주인아주머니의 친절함은 반드시 머리가 아닌 몸으로 배워 오시도록!

작은 차이가 명품을 만든다

진태원 강원도 평창군 대관령면 횡계길 19 | 033-335-5567

아니 왜 이 생각을 진작 못했을까? 그저 탕수육에 채소를 토핑한 것뿐인데! 밀가루 옷을 입혀 튀겨낸 돼지고기에 생 배추와 부추를 수북이 쌓아 올린 뒤 70~80년대 스타일의 맑은 소스를 뿌려 내온다. 작지만 강한 진태원의 대표 메뉴는 탕수육이다. 다른 메뉴도 있긴 하지만 탕수육의 만족도가 가장 높다. 이 맛에 반해버린 전국의 식객들 덕분에 1시간 웨이팅은 기본이다. '대박＝기본＋푸짐함'이라는 공식을 입증한 내실 있는 중국집. 대기표를 받아서까지 기다리게 만드는 마력을 이제 알았으니 응용해보자. 파스타에도 올리고, 갈비에도 올리고, 족발에도 올려보자. 알면서도 하지 않는 것이 비겁함이라는 사실을 되뇌면서 말이다.

여심에 강한 음식점

강마을다람쥐 경기도 광주시 남종면 299-2 | 031-762-5574

식당보다 웨이팅하는 장소가 훨씬 넓은 도토리 요리 전문점. 남자끼리라면 대기 줄에 서 있는 것조차 민망해질 정도로 여성 손님의 비율이 높은 곳이다. 대기 100명은 기본! 순간 이런 생각이 스치고 지나간다. 한국의 여성들이 언제부터 이렇게 도토리를 좋아했던 것일까? 아닌가? 그렇다면 별 볼 일 없는 그저 그런 메뉴를 고객의 마음

에 쏙 들게 만든 노하우는 무엇일까? 테이블 위에서 간단히 확인이
가능하다. 일단 모양새가 앙증맞고 깜찍하다. 그리고 다른 도토리 전
문점에 비해 당도가 대략 10~15% 정도 높다. 그리고 수다 떨기에 딱
맞아 떨어지는 분위기다. 기다리다가 먹는 음식이 맛있다고들 했지!
강마을 다람쥐에서는 기다림조차도 감미롭다고 한다. 스위스의 호텔
을 연상케 하는 이국적 분위기의 드넓은 정원이 갖추어져 있어서 수
학여행 온 여고생마냥 사진도 찍고, 꽃냄새를 맡을 수도 있다. 그래
서 다들 계 모임이나 여고 동창회를 강마을에서 하나?

아주 솔직한 안내문

옥산휴게소 충청북도 청원군 옥산면 오송가락로 770-27 | 043-260-1053

밥장사가 알아두어야 할 거의 모든 것이 구비되어 있는 보기 드문
휴게소다. 푸드 코트 외벽을 도배하듯이 붙여놓은 안내문들은 무조건
따라 하길 바란다. "밥 짓는 횟수를 늘렸습니다.""한 번에 밥 짓는
양을 줄였습니다." 그러니 밥이 맛있어 질 수밖에. 반찬은 무한리필
이 가능하도록 셀프 바를 두었고, 자상하게 뜨끈뜨끈한 숭늉서비스까
지 한다. 고속도로 휴게소에서. 한 가지 더! 두부에 관심이 있으신 분
들이라면 꼭 순두부와 청국장 순두부를 주문해서 드셔보라. 오픈 주
방에서 매일 오전 만들어내는 순두부는 기계를 통째로 훔쳐오고 싶을
정도로 맛이 '솔직하고 착해서' 욕심이 난다. 이 시스템을 고스란히

여의도나 테헤란로에 옮겨놓으면 3년 안에 벤츠 타고 다닐 수 있을 텐데, 하는 아쉬움이 드는 곳이다.

아는 만큼 보인다

정식당 서울시 강남구 언주로164길 24 아크로스 빌딩 3층 (신사동) | 02-517-4654

장사를 시작하기 전, 아니 장사를 하는 사람이라도 반드시 한 번은 방문할 가치가 있는 요리 천재의 아뜰리에. 세계적인 레스토랑 가이드북 ZAGAT와 미슐랭 그린가이드에 이름을 올리며 독주를 하고 있는 임정식 요리장의 레스토랑이다. 한식과 양식에 관심을 가지고 있는 분들이라면 무한 영감을 얻을 수 있는 보물섬 같은 곳. 정식당의 매력은 메뉴판에서부터 시작한다. 애피타이저와 라이스, 누들, 메인요리 그리고 디저트 15종을 오와 열을 맞추어 펼쳐놓은 덕분에 코스메뉴를 쉽고 편하게 고를 수 있다. 서빙이 시작되면 눈이 황홀해진다. 접시와 요리가 빚어내는 환상의 하모니를 경험하게 될 것이다. 모든 스태프의 이름을 메뉴판에 넣은 것은 자신감일까? 아니면 채찍질일까? 장사는 아는 만큼 보이는 것이 아니라 보는 만큼 알게 된다는 교훈을 여실히 보여주는 특A급 레스토랑.

국수도 아름다울 수 있다

장원막국수 강원도 홍천군 홍천읍 상오안길 62 | 033-435-5855

'막 만들었다'는 유래를 가지고 있는 막국수도 하나의 작품이 될 수 있다는 사실을 입증해주는 보기 좋은 예. 대부분의 막국숫집들이 막판에 김 가루를 듬뿍 뿌려대는 통에 국수의 속살을 엿볼 기회가 없었는데 장원의 막국수는 기존 막국수의 틀을 깼다. 국수도 먹기 아까울 정도로 예쁘게 변신할 수 있음을 보여준다. 뜨거운 물에서 삶은 뒤 찬물로 샤워를 시킨 면발을 따리 틀듯 대접 한가운데 깔고, 습자지처럼 얇게 썬 무김치와 노란 계란지단, 양념장, 반달 모양으로 썬 배를 켜켜이 올린다. 대부분 최정상에는 삶은 계란 반쪽을 올리기 마련인데 장원에서는 이 녀석을 국수대접 바닥에 위치시켰다. 젓가락을 들기는 했는데 '공든 탑'을 무너뜨리기가 미안스럽다. 모름지기 '눈으로도 먹는다'는 음식은 이래야 한다. 국수로 예술을 하는 일본 교토의 200년 된 '소바'에 밀리지 않는 단아한 자태를 경험해보시도록 하소서.

음식과 요리의 차이를 아는 한정식

오정삼미 서울시 강남구 강남대로 596 극동빌딩 1층 (논현동) | 02-547-7600

교방 요리를 베이스로 한 모던한식의 상차림이 궁금하신가? 한번 찾는 것만으로 10가지 이상의 아이디어를 배우고 익힐 수 있는 자랑스러운 한식의 국가대표. 잘못 쓰면 아예 안 쓰느니만 못한 것이 방짜유기인데 이집의 오너와 찬모들은 유기의 매력을 최대한 끌어 올리는 재주를 가지고 있다. 현재 대한민국 김치협회이사와 한국음식문화

재단 이사장인 오너 요리장 박미영 박사는 요리를 무턱대고 쌓거나
무치지 않고 적절한 공간에 배치하는 것으로 유명하다. 봉긋 세우지
않고 뉘인 백김치, 빨간색과 청자색으로 대비를 준 해물초무침, 포위
하듯 묵 주위를 고기, 당근, 오이, 계란, 숙주로 배치한 오방색 청포
묵, 와사비로 점을 찍은 생선회 간장, 사기그릇 위에서 반지르르함을
뽐내는 닭냉채와 채소무침, 그 어느 집보다 값어치 있게 보이는 홍어
삼합, 고급스러움이 폴폴 풍기는 자연송이버섯 들깨탕, 이바지 음식
으로 착각할 만큼 공들인 흑마늘과 현미찹쌀 지짐이, 사기 접시를 캔
버스 삼아 꽃을 그려 넣은 전유화, 기와와 자갈을 활용한 너비아니 가
리 구이, 고급 중국요리 가루빠를 응용한 코다리찜 등은 반드시 사진
을 찍어놓도록 하자. 백반집에서부터 한정식 그리고 이자카야 등에서
활용할 수 있는 아름다운 아이디어들이 차고 넘쳐난다.

주인이 힘들어야 손님이 행복해진다

삼군리메밀촌 강원도 횡성군 공근면 삼배리 1번지 | 033-342-3872

　　꽁꽁 숨겨 놓았던 나만의 맛집을 '착한식당'에 추천했다가 난리가
난 메밀국수의 명가. 지금이야 하나의 트렌드로 자리 잡게 되었지만
100% 메밀가루를 써서 면을 만드는 무모한(?) 공정을 고집스럽게 지
켜나가고 있다. 기본에 충실한 음식은 고객들을 끌어 모은다는 걸 입
증한 통쾌한 사례. 이 집의 주인장 부부는 매일 매일 공들여 묵을 쑤

고, 손님이 오면 그때그때 메밀전을 부치고, 주문과 동시에 면을 뽑을 반죽을 치대기 시작한다. 이 수고로움을 마다하지 않은 덕분에 알음알음 소문이 퍼져나갔고 삼군리라면 엄지손가락을 치켜드는 팬들이 기하급수적으로 늘고 있다. 주인이 힘들면 손님이 편하고, 주인이 편하면 손님이 힘들어진다는 원초적인 장사의 법칙을 가감 없이 보여주는 훌륭한 국숫집.

의미심장한 식재료

태바시 http://www.365bestfood.com

　최고의 음식 솜씨는 아니어도 꼭 제대로 된 한식당이 하고 싶다면 전국의 장류 명인들의 판권을 확보하고 있는 태바시 브랜드와 상의하는 것도 나쁘지 않다. 신세계 백화점 등에 납품하고 있는 이 업체는 일반인들에게는 많이 알려져 있지 않지만 태바시의 장류를 납품받으면 매장에서 명인들의 이미지를 효과적으로 사용할 수 있다. 이 분들의 장류를 쓰는 것만으로 지금 당장 유명 노포들과 '맞장'을 뜰 수는 없어도 확실히 주목받는 데는 도움이 될 것이다. 물론 비용을 고려한 후에 말이다.

한국형
장사의 신,
그들을 만나는 곳

경도회관 전라남도 여수시 대경도길 2-2 (경호동) | 061-666-0044

공주분식 대전시 중구 문창로 97 (문창동) | 042-582-8284

남해식당 서울시 중구 남창동 49번지 (4호선 회현역 5번 출구에서 100m) | 02-319-7245

납작식당 강원도 평창군 대관령면 대관령로 113 | 033-335-5477

논뚜렁추어칼국수 대전시 중구 보문로 20번길 41 | 042-272-7589

눈나무집 서울시 종로구 삼청로 136-1 (삼청동) | 02-739-6742

덕화푸드 부산시 사하구 장림번영로 71 (장림동) | 051-262-8163

떡볶이나라 서울시 성북구 아리랑로 38 (동선동5가) | 02-923-4243

마포만두 서울시 마포구 양화로 63 (서교동) | 02-333-9842

만선호프 서울시 중구 을지로13길 17 (을지로3가) | 02-2274-1040

명동교자 서울시 중구 명동10길 29 (명동2가) | 02-776-5348

반야돌솥밥 전라북도 전주시 완산구 홍산1길 6 (효자동2가) | 063-288-3174

방배김밥 서울시 동작구 동작대로29길 63-5 (사당동) | 02-599-0566

변산온천산장 전라북도 부안군 변산면 묵정길 83-6 | 063-584-4874

봉용불고기 충청북도 청주시 상당구 상당로203번길 14 (우암동) | 043-259-8124

사계진미 경기도 성남시 분당구 양현로 453 (야탑동) | 031-707-5868

서가앤쿡 대구시 중구 동성로5길 68 (삼덕동1가) | 053-254-9989

세림한정식 전라남도 여수시 사청동1길 35 (학동) | 061-686-3006

신도칼국수 대전시 서구 계룡로 264번길 43 (월평동) | 042-536-6799

신송한식 서울시 영등포구 여의나루로 67 (여의도동) | 02-784-5533

안동장 서울시 중구 을지로 124 (을지로3가) | 02-2266-3814

어머니대성집 서울시 동대문구 무학로43길 44 (용신동) | 02-923-7178

여성게장백반 전라남도 여수시 봉산1로 17 (봉산동) | 061-642-8529

연희동칼국수 서울시 서대문구 연희맛로 37 (연희동) | 02-333-3955

영원식당 서울시 영등포구 여의나루로 117 서울상가 2층 (여의도동) | 02-784-1866

옛맛서울불고기 서울시 마포구 서강로 71 (창천동) | 070-4090-9371

육칼 서울시 용산구 백범로90길 50 (문배동) | 02-713-6204

은하갈비 부산시 동구 초량중로 86 (초량2동) | 051-467-4303

이춘복참치 서울시 용산구 한강대로 266-2 (남영동) | 02-794-4558

일산칼국수 경기도 고양시 일산동구 경의로 467 (장발산동) | 031-903-2208

장호왕곱창 서울시 중구 서소문로 83-1 (순화동) | 02-362-6296

전주주조 전라북도 전주시 덕진구 신성길 25-31 (성덕동) | 063-213-0921

조금 서울시 종로구 인사동길 62-4 (관훈동) | 02-725-8400

조아저씨김치찌개 서울시 중구 서소문로 133 (서소문동) | 02-752-1927

찬양집 서울시 종로구 돈화문로11다길 5 (돈의동) | 02-743-1384

찰스김밥 서울시 마포구 동교로 187 (동교동) | 02-334-1692

창고43 서울시 영등포구 국제금융로6길 33 여의도백화점 4층 (여의도동) | 02-783-4557

칠공주장어탕 전라남도 여수시 교동시장2길 13-3 (교동) | 061-663-1580

팔색삼겹살 서울시 마포구 백범로 18 미화빌딩 지하1층 (노고산동) | 02-719-4848

포로이 서울시 종로구 동숭길 127 우성빌딩 1층 (동숭동) | 02-766-6444

해남갈비 서울시 용산구 한남대로21길 27 (한남동) | 02-795-8428

해담 광주시 광산구 임방울대로825번길 21 (쌍암동) | 062-972-9300

해동복국 서울시 영등포구 국제금융로8길 11 태양빌딩 1층 109호 (여의도동)| 02-783-6011

해뜨는집 서울시 성북구 동소문로 25-9 (동소문동1가) | 02-764-6354

혜화칼국수 서울시 종로구 창경궁로35길 13 (혜화동) | 02-743-8212

홍어1번지 전라남도 나주시 영산동 252-7번지 | 061-332-7444

한국형

장사의

神